Arthur Heiz   Ursi Schild   Beat Zimmermann

Fricktal

Arthur Heiz
Ursi Schild   Beat Zimmermann

FRICKTAL
BEZIRK
RHEINFELDEN

AT Verlag Aarau

© 1983
AT Verlag, Aarau (Schweiz)
Text: Arthur Heiz
Aufnahmen: Ursi Schild
und Beat Zimmermann
Konzept und Grafik:
Atelier zur Halde, Aarau
Gesamtherstellung:
Grafische Betriebe
Aargauer Tagblatt AG, Aarau
Printed in Switzerland

ISBN 3-85502-174-0

Geografisch gehört zum Fricktal das Einzugsgebiet der Flüsschen und Bäche, die zwischen der Bernau bei Leibstadt und Augst BL in den Rhein münden, *politisch* aber bezeichnet man als Fricktal die beiden aargauischen Bezirke Laufenburg und Rheinfelden. Politisch gehören also nicht zum Fricktal die Gemeinden Hottwil, Effingen, Elfingen und Bözen im Bezirk Brugg, Densbüren mit Asp im Bezirk Aarau sowie selbstverständlich das solothurnische Kienberg und eine Reihe von Baselbieter Gemeinden wie etwa Buus, Maisprach und Wintersingen im Hinterland von Rheinfelden.

Der Name Fricktal hat seine Bedeutung im Laufe der Zeit verändert. Er wird anfangs nur den Talkessel von Frick bezeichnet, sich dann aber bald auf die sogenannte Homburger Vogtei ausgedehnt haben, zu der die Dörfer Frick mit Gipf-Oberfrick, Wittnau, Wölflinswil mit Oberhof, Herznach mit Ueken und Oberzeihen, Eiken, Schupfart und vielleicht auch Obermumpf gehörten. Das Lindenblatt im Siegel des Homburger Vogtes diente viel später dem kurzlebigen Kanton Fricktal als Wappenbild und wird von Schupfart noch heute im Gemeindewappen geführt. Im 14. Jahrhundert begann man dann, unter dem Begriff Fricktal das ganze Einzugsgebiet der Sisseln zu verstehen, natürlich ohne die Gemeinden der Bezirke Brugg und Aarau. Als nach dem Dreissigjährigen Krieg die vorderösterreichische Verwaltung neu geordnet wurde, bezeichnete man mit Fricktal einen der drei, Landschaften genannten, Verwaltungsbezirke der Herrschaft Rheinfelden. Die Landschaft Fricktal umfasste damals alle Dörfer links von der Sisseln, dazu Schupfart und Obermumpf. Neben der Landschaft Fricktal gehörten zur Herrschaft Rheinfelden die Landschaft Möhlinbach und, rechts vom Rhein, die Landschaft Rheintal. Anfangs des 18. Jahrhunderts wurde der Begriff Fricktal für das ganze Gebiet der Herrschaften Laufenburg und Rheinfelden gebraucht, und mit der Gründung des Kantons Fricktal 1802 setzte sich die heutige Bedeutung des Namens endgültig durch.

Das Fricktal liegt zum grössten Teil im Tafeljura. Es bildet ein fast gleichschenkliges Dreieck mit dem Rhein von Schwaderloch bis Kaiseraugst als Grundlinie und der Spitze auf der Salhöhe. Davon nimmt der Bezirk Rheinfelden nicht ganz die westliche Hälfte ein, er ist also kleiner als der Bezirk Laufenburg. Die natürliche Grenze zwischen den beiden Bezirken bilden Tiersteinberg und Wollberg. Die einzige gute Verbindung von Rheinfelden in den Bezirk Laufenburg und in den übrigen Teil des Aargaus hinauf führt durch den Engpass zwischen Mumpf und Stein.

Der Bezirk Rheinfelden setzt sich aus zwei grundverschiedenen Landschaften zusammen, nämlich dem Rheinfelder Tafelland und dem Rheintal zwischen Stein und Kaiseraugst. Blickt man vom Rheintal aus gegen Süden, so schaut man an teilweise recht steile, bewaldete Abhänge, die zwischen 70 und 300 m über den Talboden emporsteigen. Erreicht man die Berghöhe, so ist man erstaunt, keinen Wald mehr anzutreffen, sondern langgestreckte, schmale Tafeln mit Äckern, Wiesen und Gehöften. Nur der Zeiningerberg und die Höhen um Magden und Rheinfelden sind ganz bewaldet.

Die schmalen Tafelflächen sind für den Bezirk Rheinfelden bezeichnend; im Bezirk Laufenburg und im Baselbiet sind sie im allgemeinen viel ausgedehnter. Es haben sich deshalb im Bezirk Rheinfelden

auf den Höhen auch keine Weiler wie im Bezirk Laufenburg oder gar Dörfer wie auf dem Bözberg oder im Baselbiet entwickeln können. Die Besiedlung beschränkt sich auf Einzelhöfe und Gehöftgruppen wie den Looberg. Tektonische Vorgänge im Zusammenhang mit der Entstehung der Oberrheinischen Tiefebene haben das Bild der Tafellandschaft in der Umgebung von Magden gestört. Sonnenberg, Önsberg und Chüller, die sich auch durch ihr Gestein von der Umgebung unterscheiden, bilden mit ihren schmalen, von Wald bedeckten Rücken in dem Tafelland eine Hügellandschaft. Der Sonnenberg, mit 636 m der höchste Berg im Bezirk und dank seiner Lage am Rande des Rheintals ein ausgezeichneter Aussichtsberg, trägt einen Aussichtsturm, den einzigen im Fricktal. Er steht gerade auf der Grenze zwischen dem Aargau und dem Baselbiet, sogar ein wenig mehr auf Maispracher als auf Möhliner Boden, von wo aus er betreut wird.

Bezeichnend für das Rheinfelder Tafelland ist auch die Fliessrichtung der Bäche und damit der Verlauf der Täler und Höhenzüge. Die Bäche fliessen gegen Nordwesten, ganz ausgeprägt der Fischinger-, der Möhlin- und der Violenbach, et-

was weniger deutlich der Magdenerbach. Alle Täler verengen sich vor dem Austritt ins Rheintal, ganz eindrücklich das Fischingertal, aber auch das Magdenertal, dessen Ausgang deshalb «Enge» genannt wird. Die schmalen Taleingänge bilden gegen das Rheintal ein natürliches Hindernis, sie sind deshalb im letzten Krieg mit Panzersperren und Bunkern verriegelt und verstärkt worden.

Das Rheintal nimmt mehr als ein Drittel der Fläche des Bezirks ein, hauptsächlich des gewaltigen Bogens wegen, den der Strom zwischen Mumpf und Rheinfelden gegen Norden beschreibt.

Bis in diese Gegend stiess während der grössten Vergletscherung das Eis vor, hinterliess die Schottermassen der Hochterrasse zwischen Möhlin, Zeiningen, Wallbach und Mumpf und darauf deutliche Moränenwälle. Nach dem Rückzug des Eises lagerte sich Löss ab und machte die Möhlinerhöhe zu einer der fruchtbarsten Gegenden weit und breit. In den Löss eingetiefte Hohlwege, Höhlen genannt, führen von Möhlin auf die Höhe hinauf. In mit Lösslehm ausgekleideten Mulden bildeten sich Sümpfe, von denen Ägelsee und Breitsee Reste sind. Den Nordrand der Hochterrasse und das darunterliegen-

de ausgedehnte Niederterrassenfeld des Rheinbogens bedeckt ein mächtiger Tannenwald, der Forst, an den sich westlich weitere Wälder anschliessen, die den Rhein bis kurz vor Rheinfelden begleiten. Von dessen Türmen aus geht der Blick nach Osten an die dunkle Wand des Hotzenwaldes und der Mumpferfluh, westwärts über Basel hinaus ungehindert in die Weite, in die Burgunderpforte hinein, Frankreich zu.

Der Bezirk Rheinfelden ist geografisch gegen Osten, also gegen den aargauischen Nachbarbezirk Laufenburg, abgeschlossen, er öffnet sich aber gegen Westen, gegen Basel.

Die Siedlungen

Trotz der stattlichen Häuserzeilen, die auch im Bezirk Rheinfelden häufig die Dorfstrassen begleiten, handelt es sich bei den meisten Siedlungen um alte Haufendörfer. Die Hausreihen entlang der Strasse, von denen jene in Hellikon mit Recht berühmt ist, stammen aus der Zeit, da die alten Dorfkerne ausgebaut wurden. Wohl um Platz und Kosten zu sparen, baute man die Häuser in Reihen aneinander; aus den Haufendörfern wurden Zeilendörfer. Haufendörfer sind heute noch Schupfart und Olsberg, beide in Talkesseln gelegen. Zeiningen und Hellikon sind aus zwei links und rechts vom Bach gelegenen Kernen zusammengewachsen, Zuzgen aus zwei räumlich getrennten Siedlungen auf der gleichen Talseite (Zuzgen und Niederhofen), Möhlin sogar aus mehreren, am Bach aufgereihten. Die grösste von ihnen, Riburg, hat nicht nur ihren Namen behalten, sondern auch ein gewisses Eigenleben bewahrt. Manche Dörfer mieden ursprünglich die Bachniederung, ihre älteren Teile liegen in Obermumpf, Hellikon und Zuzgen am Hang. In Möhlin und besonders in Magden aber prägt der Bach das Dorfbild ganz entscheidend.

Einzelne Gemeinden sind reich an Einzelhöfen, so besonders Magden, Zuzgen und Möhlin. Bis auf den Iglingerhof zwischen Magden und Wintersingen, den Görbelhof bei Rheinfelden und den Hardhof bei Kaiseraugst stammen alle aus dem 19. und 20. Jahrhundert, als der Flurzwang aufgehoben (19. Jh.) und Güterregulierungen (20. Jh.) durchgeführt wurden. Von den Höfen des 19. Jahrhunderts stammt gut die Hälfte aus der Zeit zwischen 1820 und 1844. Wenige sind verschwunden, so einer auf dem Wollberg im Gemeindebann Schupfart. Noch früher gingen drei grössere Siedlungen unter, Teschlikon im Gemeindebann Magden, Rappertshäusern im Möhliner Forst und Höflingen südlich von Rheinfelden.

Das Fricktaler Bauernhaus ist ein Einhausbau, es vereinigt Wohn- und Wirtschaftsteil unter einem Dach. Ursprünglich war es ein Hochstudhaus mit hölzernen Wänden und mächtigem weit herabreichendem Strohdach. Daneben gab es turmartige steinerne Speicher. In Möhlin sind einige wenige erhalten geblieben. Das Möhliner Hochstudhaus wies in seiner Einteilung eine gewisse Verwandtschaft mit dem Bauernhaus im benachbarten Hotzenwald auf.

In der zweiten Hälfte des 17. Jahrhunderts traten neben dem Hochstudhaus steinerne Häuser mit Ziegeldach auf. Es sind häufig sehr stattliche Bauten mit Satteldach, manchmal mit Kaffgesimsen, gotischen Fenstern und Treppengiebel. Man nennt sie etwa Schwedenhäuser, so zum Beispiel ein spätgotisches Haus in Schupfart, das vor wenigen Jahren infolge Baufälligkeit abgebrochen werden musste. Solche Bauten waren sicher Ausdruck eines gehobenen Wohlstandes.

Vom 17. Jahrhundert an breitete sich der Steinbau aus. Holzmangel, die enge Siedlungsweise, staatliche Vorschriften mögen dazu beigetragen haben. Das von diesen Vorschriften geforderte Ziegeldach verlangte an sich schon eine tragfähigere Wand als die des Hochstudhauses, eine Wand aus Stein. Die Forstordnung Josephs II. von 1786 setzte fest, dass bei Neubauten auf dem Lande wenigstens das Erdgeschoss aus Stein errichtet und das Dach in Ortschaften mit Ziegeleien mit Ziegeln gedeckt werden musste. Auch die aargauische Forstordnung von 1805 forderte, die Wohngebäude seien vom 1. Januar 1806 an wenn immer möglich aus Mauerwerk aufzuführen und mit Ziegeln zu decken. Um 1840 waren nach F. X. Bronner im Bezirk Rheinfelden 74%, im Bezirk Brugg 62,7% und im Bezirk Lenzburg 52,4% aller Gebäude mit Ziegeln bedeckt.

Das heutige Fricktaler Bauernhaus ist ein nüchterner steinerner Giebelbau. Es gleicht dem Baselbieter Bauernhaus, unterscheidet sich aber von diesem dadurch, dass Wohnteil und Wirtschaftsteil fast ausnahmslos gleich hoch sind, während im Baselbiet der Wohnteil oft über den Wirtschaftsteil hinausragt. Stichbogenartige Fensterstürze, wie sie im Baselbiet oft vorkommen, sind im Bezirk Rheinfelden eher selten. Ebenso trifft man im Bezirk Rheinfelden mit Ausnahme von Kaiseraugst den im Baselbiet häufigen steinernen halbrunden Tennsbogen nur vereinzelt; der Korbbogen herrscht hier vor. Häufig ist hingegen im Bezirk Rheinfelden der hölzerne leicht geschweifte Sturz des Tennstores; in Magden ist er fast typisch. Lauben auf der Giebelseite des Wohnteiles wie etwa in Möhlin weisen wieder auf die Verwandtschaft mit dem Hotzenwaldhaus hin.

Der Bezirk und seine Gemeinden

Der Bezirk Rheinfelden ist mit seinen 112,02 km² der viertkleinste Bezirk des Kantons. 51,4 % sind Acker- und Wiesland, was ungefähr dem kantonalen Durchschnitt von 52,3 % entspricht, 36,9 % sind mit Wald bedeckt (33,9 %), 5,7 % überbaut (7,4 %). Der Bezirk zählte am 31. Dezember 1981 30 024 Einwohner – 6,6 % der Bevölkerung des Kantons –, womit er, wie nach der Fläche, unter den 11 aargauischen Bezirken an achter Stelle steht. 268 Einwohner lebten durchschnittlich auf

1 km², das bedeutet Rang sieben. Weniger Gemeinden als der Bezirk Rheinfelden – 14 – hat nur der Bezirk Aarau (13).

Von 1837, dem Jahr der ersten eidgenössischen Volkszählung, bis 1850 wuchs die Bevölkerung von 10 154 auf 11 271 um 11 % (Aufschwung in der Landwirtschaft infolge neuer Bewirtschaftungsmethoden und der Zunahme des Rebbaus, Bau der Salinen, Tabakindustrie in Rheinfelden, Seidenindustrie in Säckingen). Von 1850 bis 1888 nahm die Bevölke-

rung nur um 1,7 % zu, dann setzte bis 1910 mit 20,3 % Zunahme eine kräftige Aufwärtsbewegung ein (Aufschwung der Brauereien, Kraftwerkbau Rheinfelden (Baden) mit der damit zusammenhängenden Industrialisierung, neue Fabriken in Säckingen, Bözbergbahn).

Es folgte bis 1941 eine weitere Zeit mit geringer Bevölkerungszunahme (5,7 %) infolge des Ersten Weltkrieges und der Krisenjahre.

Von 1941 bis 1960 betrug das Bevölkerungswachstum noch 29,5 %, von 1960 bis 1980 55,6 %. Entsprach die Zunahme 1941–1960 ungefähr dem kantonalen

Durchschnitt (33,5 %), so übertraf das Wachstum 1960–1980 die kantonale Zunahme von 25,4 % bei weitem.

Von 1960 bis 1980 nahm die Bevölkerung des Bezirks Rheinfelden von allen Aargauer Bezirken am stärksten zu, eine Folge der zunehmenden Industrialisierung, besonders aber der günstigen Lage des unteren Teils des Bezirks in der Region Basel. Basler Chemiefirmen errichteten Grossüberbauungen in Rheinfelden (Augarten) und Kaiseraugst (Liebrüti), Magden wurde zum bevorzugten Baugebiet für Einfamilienhäuser, in Möhlin und Stein entstanden im privaten Wohnungs-

18

bau Wohnblöcke. Einzelne Gemeinden wuchsen in den letzten zwanzig Jahren unerhört, Kaiseraugst um 306%, Magden um 190%, Rheinfelden um 182%, Stein um 170% und Möhlin um 136%. In den abgelegeneren Gemeinden, etwa im oberen Wegenstettertal, hat die Bevölkerung nicht nennenswert zugenommen oder ist, nach einer starken Zunahme nach 1960 von 1970 an sogar zurückgegangen (Hellikon, Zuzgen, Mumpf, Obermumpf, Schupfart).

Neben der Verkehrslage und den Landpreisen hat natürlich auch die Baupolitik Einfluss auf die Bevölkerungsbewegung. Nicht jede Gemeinde will, glücklicherweise, im Übermass wachsen.

Die prozentuale Verteilung der Erwerbspersonen auf die drei Wirtschaftssektoren sah im Bezirk Rheinfelden 1980 wie folgt aus (zum Vergleich die Zahlen von 1941):

	1980	*1941*
Sektor 1 (Land- und Forstwirtschaft)	5,1%	30,8%
Sektor 2 (Gewerbe, Industrie)	51,3%	56,2%
Sektor 3 (Dienstleistungen)	43,6%	13,0%

Was die Gemeinden betrifft, so schwankten die Zahlen 1980 im Sektor 1 zwischen 1% (Kaiseraugst) und 28,5% (Hellikon), im Sektor 2 zwischen 31,0% (Olsberg) und 60,1% (Stein) und im Sektor 3 zwischen 27,1% (Zuzgen) und 50,8% (Rheinfelden). 1941 lauteten die entsprechenden Zahlen 5,6% (Rheinfelden) und 76,9% (Olsberg), 18,5% (Olsberg) und 71,4% (Rheinfelden), 1,4% (Schupfart) und 32,2% (Stein). In der Zahl 32,2% für Stein drückt sich der verhältnismässig grosse Anteil der Bahn- und Zollbeamten an der Gesamtbevölkerung deutlich aus.

Von den Arbeitskräften der Rheinfelder Gemeinden arbeitet ein grosser Teil auswärts; es sind die Wegpendler. Ihnen stehen die Zupendler gegenüber. In allen Gemeinden mit Ausnahme von Stein ist die Zahl der Wegpendler grösser als die der Zupendler; besonders gross ist der Unterschied dort, wo wenige oder keine Industrie- oder grösseren Gewerbebetriebe vorhanden sind, wie etwa in Hellikon, Obermumpf, Schupfart, Wegenstetten und Zuzgen. Die Ausnahme bildet, wie gesagt, Stein, wo dank des Werkes der Ciba-Geigy AG 1980 483 Wegpendlern 1079 Zupendler gegenüberstanden. In den grenznahen Gemeinden sind viele Zu-

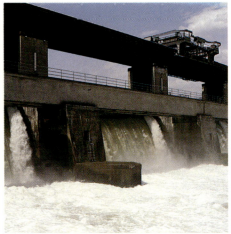

pendler Grenzgänger, vor allem aus der badischen Nachbarschaft, aber auch aus dem Sundgau (Frankreich). 1982 zählte man im Bezirk Rheinfelden 1843 Grenzgänger, davon 1356 aus Baden und 487 aus Frankreich (Sundgau, Elsass). In Rheinfelden allein arbeiteten im Jahre 1982 492 Einwohner von Rheinfelden (Baden) im alten Sinn, also ohne die Grenzgänger aus den während der Verwaltungsreform eingemeindeten Orten wie Nollingen, Degerfelden, Karsau usw.

Konfessionell ist der Bezirk Rheinfelden mehrheitlich römisch-katholisch (46,6 %); evangelisch-reformiert sind 33,3 %, christkatholisch 10,7 %. Verhältnismässig hoch ist der Anteil der Konfessionslosen (1737 = 5,9 %), er ist höher als in allen andern Bezirken.

Der Bezirk ist im Grossen Rat mit neun Männern und zwei Frauen vertreten. Die 11 Mandate verteilen sich wie folgt: Sozialdemokraten und Gewerkschafter 3, Christlichdemokratische Volkspartei 3, Freisinnig-demokratische Volkspartei 3, Schweizerische Volkspartei 2. Das jüngste Mitglied ist zurzeit 34, das älteste 60 Jahre alt. In den eidgenössischen Räten ist das Fricktal seit dem Rücktritt von Nationalrat Paul Schib, Möhlin (1959–1971), und von

Ständerat Robert Reimann, Wölflinswil (1955–1963 Nationalrat, 1963–1979 Ständerat, 1978 dessen Präsident) nicht mehr vertreten.

Der 100-%-Sollsteuerbetrag belief sich 1980 im Bezirk Rheinfelden je Einwohner auf Fr. 1025.–; das war der dritthöchste Betrag im Kanton. In bezug auf die Gemeinden schwankte er zwischen Fr. 470.– und Fr. 1245.–.

In Franz Xaver Bronners 1844 erschienenem zweibändigen Werk «Der Canton Aargau» sagt der Verfasser vom Fricktaler, dieser sei ein Stamm von kräftigem Körperbau, ansehnlicher Grösse und aufrechter Haltung, etwas schwerfälligen Ganges, bedächtlichen und ernsten Blikkes, er vermisse zwar die Munterkeit und Freudigkeit der Berg- und Alpenbewohner, doch wüssten sich die lebenslustigen Jungen mit ihren flinken Mädchen fröhlich genug im Tanze zu drehen. Über die Fricktaler Mundart schreibt er: «Die Fricktaler lassen ihrer Sprache etwas dem baslerischen Dialect annäherndes Gedehntes hören...» Tatsächlich dehnt man im grössten Teil des Fricktals wie in der Stadtbasler und Baselbieter Mundart die Stammvokale in offener Silbe. Der Dialekt des Bezirks Rheinfelden steht der Mund-

art des Baselbietes viel näher als dem Stadtbaslerischen. Mit dem Baselbiet hat er gemeinsam die Formen «mer häi, mer wäi, mer sy» für «wir haben, wollen, sind». Die Verneinung «it, id» für «nicht» braucht der Fricktaler allein; die Umgebung sagt «nit»; erst der Schwabe kennt das «it» wieder.

Das Fricktal ist reich an Sagen. Traugott Fricker erzählt in seiner 1935 erstmals erschienenen Sammlung «Volkssagen aus dem Fricktal» deren 217; rund ein Drittel davon aus dem Bezirk Rheinfelden. Eine erweiterte Auflage der Fricktaler Sagen wird gegenwärtig vorbereitet.

Von den Bräuchen ist die Fasnacht sicher der lebendigste. Fasnachtsgesellschaften gibt es in Kaiseraugst, Möhlin – hier selbstverständlich zwei, die Riburger Fasnachtszunft und die Meeler Galgenvögel –, Rheinfelden und Stein. In Möhlin-Riburg findet jedes Jahr ein grosser Umzug statt, die Rheinfelder nehmen am Umzug in der badischen Schwesterstadt teil. In Kaiseraugst und Obermumpf hat man das Scheibenschlagen erneuert. In Schupfart findet jedes Jahr ein Eieraufleset in zum Teil neuen Formen statt. Die meisten Gemeinden feiern den 1. August, recht oft in überlieferter Art und Weise. Auch neue

Bräuche kommen auf, so etwa die Räbe-liechtliumzüge, die besonders von Kindergärtnerinnen durchgeführt werden. Ein schöner alter Brauch ist das Brunnensingen der Sebastianibruderschaft in Rheinfelden am Heiligen Abend von elf bis zwölf nachts und am Silversterabend von neun bis zehn. Es erinnert an die Pestzeiten. Dem Züglein der zwölf Sebastianibrüder zu folgen und ihrem Lied an den verschiedenen Brunnen in der dunklen Winternacht zu lauschen ist ein seltsam ergreifendes Erlebnis.

An der Fasnacht hat man früher auch Theater gespielt. Das Theaterleben im Bezirk setzte in den zwanziger Jahren des letzten Jahrhunderts ein, und zwar mit einem Höhepunkt. Damals wirkte in Rheinfelden der hochmusikalische Arzt Dr. J. A. Sulzer (1778–1854). Unter seiner Leitung führten die Rheinfelder 1816 Mozarts «Die Entführung aus dem Serail», 1819 gar «Die Zauberflöte» auf. Nach seinem Tode flaute die Theaterbegeisterung in Rheinfelden ab, doch spielte eine Theatergesellschaft noch einige Jahrzehnte mehr oder weniger regelmässig weiter.

In einzelnen Dörfern entstanden dann ebenfalls solche Gesellschaften, die fast ausschliesslich zur Fasnachtszeit und

am Chilbimontag spielten. Später begannen dann die Vereine zu spielen, sie tun es heute noch. Trotz Film und Fernsehen ist das Volkstheater im Bezirk lebendig. In Zeiningen und Zuzgen werden jeden Winter abendfüllende Stücke aufgeführt, fast immer vor «vollem Haus». Weithin bekannt geworden ist das Möhliner Lehrertheater, das unter der Leitung von Heini Kunz seit 25 Jahren anspruchsvolle Stücke darbietet, aber auch fasnächtlich-kabarettistische Programme bringt.

In Stein, Möhlin und Rheinfelden bestehen Kulturkommissionen, die Vorträge, Konzerte, Theateraufführungen, Kabarettabende und Kunstausstellungen veranstalten. Ausstellungen verschiedener Art finden im Augartenzentrum in Rheinfelden, Kunstausstellungen in der Belsola-Galerie im Kurzentrum Rheinfelden, in der Rheinfelder Galerie am Kupfertor und in der Galerie im Stall in Magden statt. Noch vor wenigen Jahren zählte man im Bezirk zeitweise sieben, acht Galerien, übriggeblieben sind nur die Galerie am Kupfertor und die von vier Frauen geleitete Galerie im Stall in Magden, die eine bemerkenswerte kulturelle Tätigkeit entfaltet. Die Belsola-Galerie im Kurzentrum ist jüngeren Datums.

Hinzu kommen die Handelsschule KV in Rheinfelden mit ihren vielseitigen Kursprogrammen, die reformierte Kirchgemeinde Rheinfelden mit ihren monatlichen Sonntagabendkonzerten, die Sonntagmorgenkonzerte im Casino-Kurbrunnen Rheinfelden, die Konzerte in der Klosterkirche Olsberg, die Kurse der Freizeitaktion, der Klubschule Migros, des Elternforums Möhlin, des Aargauischen Katholischen Frauenbundes Fricktal, die Veranstaltungen im «Theater am Rhein» und in der Salmenschüre in Rheinfelden.

In Rheinfelden, Magden, Möhlin und Stein stehen Musikschulen zur Verfügung.

Die Musikschule Rheinfelden, die älteste von ihnen, wurde 1972 gegründet; sie leistete auf ihrem Gebiet Pionierarbeit. Sehr schön sind die festlichen Wochen für Kirchenmusik, die von musikalischen Kräften aus beiden Rheinfelden alle zwei Jahre gemeinsam durchgeführt werden, wobei die beiden Städte abwechslungsweise das Patronat übernehmen.

Und wenn von Kultur die Rede ist, darf man die Vereine nicht vergessen, besonders die Gesangvereine, die Blasmusiken und den Orchesterverein Rheinfelden. Die Stadtmusik Rheinfelden geht auf das Jahr 1833 zurück, nur drei Jahre jünger ist die Musikgesellschaft Zuzgen. Der Männerchor Rheinfelden wurde 1834 gegründet, bis anfangs der vierziger Jahre des letzten Jahrhunderts folgten die Männerchöre Magden, Möhlin, Wegenstetten und Zuzgen. Die zahlreichen Natur- und Vogelschutzvereine leisten wirksame Arbeit für den Umweltschutz. Ein besonderer Verein ist die Fricktalisch-Badische Vereinigung für Heimatkunde. Sie ist, wie der Name sagt, grenzüberschreitend, ihre Mitglieder stammen aus dem Fricktal und der badischen Nachbarschaft. Sie veranstaltet Vorträge, Exkursionen, Kurse und gibt die Zeitschrift «Vom Jura zum Schwarzwald» heraus. Eine Gruppe innerhalb der Vereinigung beschäftigt sich unter der Leitung von Werner Brogli, Möhlin, gründlich mit der Erforschung der Ur- und Frühgeschichte des Fricktals.

Eine wertvolle, grosse archäologische Sammlung befindet sich im Fricktaler Museum in Rheinfelden, das daneben, auf fünf Stockwerke verteilt, eine Fülle von Sammlungsgut aus dem Fricktal zeigt. Zwei Ablagen des Museums bergen die landwirtschaftliche Sammlung und eine grosse Sammlung von Burgenmodellen. Daneben gibt es beim Kurzentrum ein Bohrturm-Museum, das über die Salzgewinnung Auskunft gibt, sowie ein Old-timer–Museum. In Möhlin ist ein Museum im Aufbau.

In Rheinfelden erscheinen seit 1945 die «Rheinfelder Neujahrsblätter», Schupfart gibt seit wenigen Jahren das «Jahrbuch», der Dorfverein Olsberg die «Dorfchronik» heraus.

Zeitungen erscheinen im Bezirk drei. Die «Fricktaler Zeitung», hervorgegangen aus dem Zusammenschluss der «Rheinfelder Volksstimme» (früher «Volksstimme aus dem Fricktal») und dem in Möhlin erschienenen «Anzeiger für das Möhlin- und untere Fricktal». Sie kommt wöchentlich dreimal heraus. Der «Bezirksanzeiger» (Rheinfelden) und das «Fricktaler Wochenblatt» (Stein) erscheinen in der Woche einmal. Beide beschränken sich auf amtliche Publikationen, Vereinsmitteilungen usw. und Inserate. Verbreitet sind sodann der ebenfalls dreimal wöchentlich erscheinende «Fricktaler Bote» (Frick) und die «Basler Zeitung».

Viele Bewohner besonders des unteren Teiles des Bezirks sind aus andern Kantonen, vor allem aus Basel und seinen Vororten, zugezogene Schweizer oder Ausländer. (Ausländeranteil in Kaiseraugst 12,2%, Rheinfelden 19,1%, Möhlin 13,6%. Der Ausländeranteil im Bezirk be-

trägt dank einigen Gemeinden mit Prozentzahlen unter 3 - Hellikon 0,9, Schupfart 1,0 - 12,5 %, was unter dem Kantonsmittel von 14,8 liegt.) Sie haben selten eine innere Beziehung zum Aargau. Diese fehlt aber auch manchem Aargauer Bürger im unteren Fricktal. Wie viele Bewohner eines Randgebietes, liege es, wo es wolle, haben dazu manche Bewohner des unteren Fricktals den Eindruck, vom Staat vernachlässigt, ja geradezu im Stiche gelassen zu werden. Die Haltung der Regierung gegenüber dem Kernkraftwerk Kaiseraugst hat dieses Gefühl verstärkt. Wirtschaftliches und kulturelles Zentrum der Region ist eben Basel.

Wahrscheinlich sind in keinem Randgebiet des Aargaus die zentrifugalen Kräfte so stark wie im unteren Fricktal. Die Region Baden zum Beispiel hat wirtschaftlich ein solches Gewicht, dass der Sog Zürichs in wirtschaftlicher Beziehung gering ist. Dazu kommen die beiden aargauischen Mittelschulen Baden und Wettingen, kommt ein reges eigenes kulturelles Leben. Die Region Rheinfelden hat Basel nichts auch nur entfernt Gleichwertiges entgegenzusetzen. Dank dem Schulabkommen gehen unsere Kinder nach der Bezirksschule in die Mittelschulen von Muttenz BL oder Basel. Die Gründung der Mittelschule Fricktal wäre halt doch eine staatspolitische Leistung gewesen.

Das Verhältnis zur badischen Nachbarschaft ist im allgemeinen gut, zwischen Stein und Bad Säckingen sogar ausgezeichnet. Da wirkt offenbar die jahrhundertelange gemeinsame Zugehörigkeit zum Säckinger Klosterstaat nach. Die Behörden stehen beständig in enger Verbindung. Bad Säckingen, Stein und Münchwilen betreiben gemeinsam eine Kläranlage auf der badischen Seite. Die Einwohner beider Gemeinden feiern jedes Jahr gemeinsam das Brückenfest, zwei Jahre hintereinander in Bad Säckingen, im dritten Jahr in Stein, dann wieder zweimal in Säckingen, und dies seit zehn Jahren und einfach, wie es bei einem richtigen Fest sein soll, um miteinander fröhlich zu sein und zu erleben, dass man zusammengehört. In Rheinfelden ist man etwas zurückhaltender. Selbstverständlich reden die Behörden miteinander, wenn gemeinsame Fragen auftauchen, was gerade jetzt der Fall ist, seit die Luftverunreinigung einzelner Industriebetriebe zu reden gibt. Auch zu Festlichkeiten lädt man einander natürlich ein. An die Rheinfelder Kunsteisbahn leistete die badische Schwesterstadt à fonds perdu einen Beitrag von Fr. 100 000.- und ein zinsloses Darlehen von Fr. 100 000.- bis zum Jahr 2000. Die Bezirksschule Rheinfelden und das Gymnasium Rheinfelden (Baden) messen sich in sportlichen Wettkämpfen. Eng zusammen arbeiten die Fasnächtler, am schönsten aber sind die festlichen Wochen für Kirchenmusik, von denen weiter vorn die Rede gewesen ist.

Hellikon ist bekannt für die prächtige Häuserzeile, welche die Hauptstrasse säumt. 1980 waren in Hellikon von allen Gemeinden des Bezirks prozentual am meisten Erwerbspersonen in der Landwirtschaft tätig, auch zählte die Gemeinde im Bezirk prozentual am meisten Christkatholiken und am wenigsten Ausländer. In Hellikon steht die einzige neue christkatholische Kirche im Bezirk Rheinfelden. Marmortafeln am Eingang des Schulhauses nennen die Namen der Opfer eines schrecklichen Unglückes. Am Weihnachtsabend 1875 stürzte im Schulhaus die Treppe ein und riss 73 Menschen, die auf den Beginn der Feier gewartet hatten, in den Tod.

Von allen Fricktaler Gemeinden ist *Kaiseraugst* des geplanten Kernkraftwerks wegen wohl die bekannteste. Die denkwürdige

Zum Andenken
an die an Weihnachten 1875 in diesem
Schulhaus beim Einsturz des Treppenhauses
Verunglückten

1 Verunglückte v. Hellikon

		geb. 1852
Magdalena Weiß v. Möhlin		1839
Genovera Waldmeier, geb. Treyer	Mutter	1868
Traugott Waldmeier	Sohn	1828
Magdalena Hasler, geb. Waldmeier	Mutter	1861
M. Franziska Hasler	Tochter	1889
Franz F Waldmeier geb Schlienger		1848
Maria Franz Broglie geb Meier		1890
Gottfried Nussbaum, geb Schlienger		1812
Ursula Meier, geb. Schlienger	Mutter	1845
Emerentia Meier	Tochter	1889
Monika Schlienger, geb. Hasler	Mutter	1869
Adolf Schlienger	Söhnlein	1886
Marg. Kath. Schlienger, geb Hasler	Mutter	1868
Herman Schlienger	Töchterlein	1828
Susanna Schlienger, geb Hasler		1898
Rosina Herzog geb Meier	Mutter	1867
Wilhelmina Herzog	Kind	1868
Rosina Herzog		1831
Maria Josefa Broglie geb Hasler	Mutter	1870
Gustav Broglie	Söhnlein	1825
Amalia Tschudi geb Erni v Wittnau		1827
Oswo Erni		1881
Maria Josefa Hasler geb Erni		1859
Arnold Hasler	Grosvater	1866
Adolf Hasler		1860
Ida Mosth v Graf		1866
Bertha Mosch		1867
J von Mosth		1866
Hubelmina Schlienger		1820
Creszenzia Hasler geb Hasler		1865
Maria Josefa Dierbach		1820
Johanna Hasler geb Hasler		1827
Amalia Hasler		1845
Susanna Müller		
Johanna Meier		
Jac Meier		
Anna Herzog		
Ernst Schlienger		
		1848
	Mutter o	

Besetzung des Kraftwerkgeländes von 1975 wird in die Geschichte unseres Landes eingehen. Kaiseraugst ist auch die nachweisbar älteste Siedlung im Bezirk. Es ist in das römische Kastell hineingegründet worden; die Dorfstrasse, die auf der alten Längsachse des Lagers verläuft, ist in ihrer Geschlossenheit einer der schönsten Strassenzüge im Fricktal. An ihm steht der Gasthof «Adler», dessen Name an die lange Zugehörigkeit des Fricktals zur österreichischen Monarchie erinnert. Unübersehbar thront über dem Dorf die von der Hoffmann–La Roche erbaute Siedlung Liebrüti, in der über die Hälfte der Kaiseraugster wohnt.

Magden liegt in einer der obstbaumreichsten Gegenden Europas. Von den etwa 20 000 Obstbäumen der Gemeinde sind rund 7000 Kirschbäume. Magden lieferte im Sommer 1983 rund 4,5 t Tafelkirschen, 6 t Konservenkirschen und 105 t Brennkirschen. Man stelle sich die Umgebung von Magden zur Zeit der Kirschblüte vor, denke auch an die Arbeit, die es braucht, bis 4500 kg Tafelkirschen gepflückt sind, und überlege sich die Folgen, die ungünstige Witterung für eine so empfindliche Frucht, wie sie die Kirsche ist, haben kann.

Magdens Dorfbild wird ganz entscheidend durch den Bach geprägt. Er ist nicht so harmlos, wie er aussieht. Bei starkem Regen oder gar Wolkenbrüchen kann er bedrohlich anschwellen. 1748 riss er im Dorf 14 Häuser weg, 53 Einwohner ertranken. So übel hat er sich zwar seither nie mehr aufgeführt, aber zu trauen ist ihm noch immer nicht.

Möhlin, das Dorf der drei Kirchen, zeigt mit Recht eine Getreidegarbe im Wappen. Immer noch liefert es von allen Aargauer Gemeinden dem Bund am meisten Brotgetreide ab, 1982 1 053 436 kg Weizen und Roggen, wovon, des schlechten Wetters wegen, allerdings 65 % Auswuchs waren. 1981 betrug die abgelieferte Menge etwa gleich viel, von einer unbedeutenden Menge abgesehen alles beste Brotfrucht. – Der Möhliner Gemeindebann ist der zweitgrösste im Kanton. Grösser ist nur noch die Freiämter Gemeinde Sins. – Möhlin ist ein langes Dorf. Links und rechts vom Bach ziehen sich die Häuserzeilen zwei Strassen entlang von Obermöhlin bis an den Bahndamm hinab. Dann folgt Riburg, dessen unterste Häuser von den obersten im Schaufelacker in Obermöhlin gut 2,5 km entfernt sind. –

Der Ortsname geht zurück auf einen vor-
romanischen Gewässernamen. Der Bach
hiess – ich brauche hier die Mundartform
– Meli, schriftdeutsch die Möhlin, ein Name, den auch ein Bach trägt, der in der Nähe von Breisach in den Rhein fliesst. Der
Bachname wurde auf die Siedlungen übertragen, die an ihm selber oder in dessen
Nähe lagen, ein Vorgang, der nicht unge-
wöhnlich war (Oberhofmeli, Underhof-
meli, Ober- und Niedermeli). Um die beiden Namen Meli für Siedlung und Bach
unterscheiden zu können, hängte man an
den Gewässernamen das Wort Bach. Seither gibt es ein Meli und einen Melibach.

Mumpf war ursprünglich ein Fischer-,
Schiffer- und Flösserdorf. Daran erinnert
noch ein bekannter Bootsbaubetrieb in
der Gemeinde. Nirgends im Fricktal ver-
laufen Landstrasse, Nationalstrasse und
Eisenbahnlinie so eng zusammenge-
drängt wie zwischen Mumpf und Stein. In
Mumpf überschreitet die Bözberglinie
den Ausgang des Fischingertales auf dem
einzigen Viadukt im Fricktal. Eine Ge-
denktafel an der «Sonne» erinnert daran,
dass dort 1821 die französische Tragödin
Rachel geboren wurde. Ausserhalb von
Mumpf, gegen Stein, fand man 1875 das
Fragment eines römischen Meilensteins

aus dem Jahre 139. Auf der römischen Strasse von Bregenz nach Augst hat man nur Fragmente von drei Meilensteinen gefunden. Das Mumpfer Fragment steht im Fricktaler Museum in Rheinfelden.

Im Gemeindebann *Obermumpf* liegt die Mumpferfluh, ein bekannter Aussichtspunkt und beliebtes Schulreiseziel, mehr als 200 m über dem Rhein. Man glaubt, fast senkrecht über dem Fluss zu stehen, der Blick geht weit stromauf- und -abwärts und in den Hotzenwald und den Schwarzwald hinein. Der Weg zwischen Obermumpf und Stein war früher ungleich wichtiger als der zwischen Obermumpf und Mumpf, mit dem bis in unser Jahrhundert hinein nur eine schlechte Wegverbindung bestand. Der Steinerweg führte nach Säckingen, dessen Stift in Obermumpf grossen Besitz hatte und wohin die Obermumpfer später dann in die Fabrik gingen, zu Fuss selbstverständlich. An diesem Weg entstand im letzten Jahrhundert eine kurze, geschlossene Häuserzeile, die Vorstadt. Bei der 1965 beschlossenen Güterregulierung konnten vier Naturschutzreservate geschaffen werden, und in letzter Zeit ist ein schöner, neuer Rebberg angelegt worden.

Olsberg, bevölkerungsmässig die kleinste Gemeinde des Bezirks, hat merkwürdige Grenzverhältnisse. Der Violenbach bildet die Kantonsgrenze, deshalb gehören die Häuser des Dorfes links vom Bach zur Baselbieter Gemeinde Arisdorf. Zu Olsberg gehören auch zwei Exklaven, vom Gemeindebann losgelöste Stücke. Beide liegen zwischen dem Kanton Baselland und dem Gemeindebann Magden, die kleinere hinten im Tal, die grössere, die auf der Aargauer Karte sofort auffällt, zeigt wie eine Speerspitze auf die Baselbieter Gemeinde Hersberg. Etwas abseits vom Dorf liegt das ehemalige Zisterzienserinnenkloster Olsberg, das seit 1846 ein Erziehungsheim für Knaben beherbergt, die Staatliche Pestalozzistiftung Olsberg, wie der offizielle Name lautet. Die Restauration der Klosterkirche, die kürzlich beendet wurde, zog sich über zehn Jahre hin. Aber was lange währt, soll ja endlich gut werden, und das wurde es auch, die Restauration ist vorzüglich gelungen, das Fricktal um eine prächtige Kirche reicher.

Rheinfelden, der Bezirkshauptort, verdankt sehr viel der sogenannten Rheinfelder Verwerfung, nämlich die Schutzlage, die Voraussetzungen für eine leichte

Überbrückung des Flusses und die Erhaltung der Salzlager. Es ist Standort eines Rheinpegels, dessen Angaben für die Rheinschiffahrt von grosser Bedeutung sind, Standort der einzigen Saline des Aargaus, Solbadkurort seit bald 150 Jahren. Bekannter als Salz und Sole ist jedoch das Rheinfelder Bier. Die Altstadt mit ihren Türmen, die malerisch über dem Fluss emporsteigt, besitzt seit einiger Zeit eine ausgedehnte, sehr lebendige Fussgängerzone. Wunderschön ist der Rhein, der oberhalb der Brücke noch strömt und zieht, eindrücklich das Gwild, eine Stromschnelle unterhalb des Stauwehrs, wo man das felsige Flussbett bei niedrigem Wasserstand bis über die Mitte hinaus begehen kann. Unter Gartenbaufachleuten ist auch der Stadtpark bekannt, in dem einer der schönsten Kinderspielplätze weit und breit liegt. Die Siedlung Augarten unterhalb der Stadt wurde von der Ciba–Geigy in den siebziger Jahren erbaut. Sie zählt rund 1000 Wohnungen und beherbergt ungefähr einen Drittel der Rheinfelder Einwohnerschaft.

Der sportlich Interessierte kennt *Schupfart* vom Flugplatz und Motocross her, der Wanderer vom unverdorbenen Dorfbild

und der Schupfarterfluh auf dem Tiersteinberg, der Geschichtskundige dank
dem Hallstattgrabhügel auf dem Tägertli
und dem römischen Gutshof auf dem
Bäperg, beide 1928/29 (Tägertli) und 1931
(Bäperg) ausgegraben (Funde im Fricktaler Museum in Rheinfelden), sowie dem
Herrain, einem künstlich aufgeschütteten
Burghügel, eine sogenannte Motte, der im
11. Jahrhundert eine Holzburg getragen
haben muss. Wie die Obermumpfer arbeiteten auch die Schupfarter in den Säckinger Fabriken. Dorthin brachten ihnen die
Kinder das Mittagessen, wie im Bezirk
Brugg noch bis in die Jahre unmittelbar
nach dem letzten Krieg «z Mittag treit»
wurde. Der Stundenplan der Schule hatte
sich danach zu richten.

Stein ist die kleinste Gemeinde des Bezirks und die einzige, die keinen Gemein-
dewald besitzt; der Wald an der Mumpferfluh ist ganz in privaten Händen. Es liegt
an einer wichtigen Strassengabelung, ist
Bahnknotenpunkt (der einzige im Fricktal) und Brückenort, auch der einzige Ort
zwischen Basel und Konstanz mit zwei
Strassenbrücken. Keine Gemeinde im
Fricktal ist durch den Verkehr dermassen
geprägt - aber auch zerstört - worden.

Jahrhundertelang war Stein mit Stift und
Stadt Säckingen eng verbunden. Hier
standen das Säckinger Siechenhaus und
die Säckinger Ziegelhütte. Stein war Ding-
hof des Klosters, von hier aus wurden die
Güter verwaltet, die dem Kloster in Stein,
Mumpf, Wallbach und Obermumpf gehörten. Der heutige «Adler» war verpflich-
tet, dem Stift Säckingen jährlich auf das
Fridolinsfest eine bestimmte Menge Efeu
zu liefern, mit dem das Chor des Münsters
ausgeschmückt wurde. In den Urkunden
wird er deswegen auch etwa als «Ebheuw
gueth» bezeichnet.

Wallbach ist wie Mumpf ein altes Fischer-,
Schiffer- und Flösserdorf. Das Schifferge-
werbe lebt heute weiter im Pontonierfahr-
verein, der 1983 sein hundertjähriges
Bestehen feiern konnte. - In der Stelli
unterhalb des Dorfes stehen die konser-
vierten Reste des grössten römischen
Wachtturms zwischen Kaiseraugst und
Kaiserstuhl. Dort führte vor dem Aufstau
des Rheins durch das Kraftwerk Riburg-
Schwörstadt eine Furt durch den Rhein,
die in spätrömischer Zeit besonders gut
überwacht werden musste. 1909 erstellten
junge Leute aus Wallbach auf dieser Furt
«mit wenigen Weidlingen, Böcken und

Dielen» einen Steg ans badische Ufer, «auf welchem die beidseitige Bevölkerung hin und her wandeln konnte». – In der christkatholischen Kirchgemeinde Obermumpf–Wallbach wirkte von 1906 bis 1947 Pfarrer H. R. Burkart, der Vater der Fricktaler Archäologie. 1925 entdeckte er die Magdalénien- und die bronzezeitliche Fundstelle auf dem Bönistein und grub sie aus. Die Magdalénienstation auf dem Bönistein war die erste altsteinzeitliche Siedlung, die man im Aargau fand. Kurz darauf stiess man auf eine zweite Fundstelle aus der gleichen Zeit, diesmal bei der Ermitage in Rheinfelden. Pfarrer Burkart untersuchte sie zusammen mit Dr. Emil Vogt, dem späteren Professor an der Universität Zürich. Seine letzte grosse Feldarbeit war die Ausgrabung der Römerwarte in der Stelli, die darauf konserviert wurde. Dazwischen lagen viele kleinere Entdeckungen und Streufunde.

Wegenstetten hatte schon 1717 eine Schule, es ist die erste, die nachgewiesenermassen in einer Landgemeinde des Bezirks bestanden hat. 1830 weihte es ein neues Schulhaus ein, von dem F. X. Bronner schrieb, es sei «unstreitig das schönste im ganzen Bezirk». 1892 bekam Wegenstetten eine Sekundarschule, damals noch Fortbildungsschule genannt. – 1844 bezeichnete Bronner Wegenstetten als Marktflecken. Tatsächlich bewilligte die Regierung 1804 der Gemeinde zwei Vieh- und Warenmärkte, 1832 zwei weitere, so dass in Wegenstetten nun viermal jährlich Markt gehalten wurde. Der Gemeinde brachten sie nicht viel ein. Nach der Eröffnung der Bözbergbahn wurden sie von den Marktfahrern immer weniger beschickt. Am letzten Viehmarkt 1888 verdiente die Gemeinde noch zwanzig, am letzten Warenmarkt desselben Jahres noch fünfzig Rappen. Darauf wurden die Wegenstetter Märkte aufgehoben. – Auf dem Friedhof sind die Toten des Hellikoner Schulhausunglücks beigesetzt worden. Ein schlichtes Denkmal erinnert an das schreckliche Ereignis.

Der Gemeindebann *Zeiningen* reicht weit auf die Möhlinerhöhe hinaus. Fast zuäusserst liegt der Ägelsee. Näher beim Dorf, an der Autobahn, liegen Uf Wigg zwei urgeschichtliche Fundstellen, die W. Brogli untersucht und beschrieben hat, eine aus dem Ende der Altsteinzeit, die andere aus der mittleren Bronzezeit. – Als eine der wenigen Gemeinden im Bezirk hat Zeiningen einen Rest seiner ehemals ausgedehnten Rebfläche erhalten, 3,5 ha von 37,5 ha im Jahre 1890. Die dreieinhalb Hektaren sind an einem Stück und die Reben darauf gut gepflegt. An den früheren Rebbau erinnern die zwei Trauben im Gemeindewappen. – In sieben baumumstandenen lauschigen Weihern werden Forellen gezüchtet. Es ist die einzige Forellenzucht im Bezirk.

Der Chriesiberg im Gemeindebann *Zuzgen* weist darauf hin, dass das Fricktal ein Kirschenland ist. Er ist auch der einzige Berg im Fricktal, der nach einer Baumfrucht benannt ist. – Zuzgen hat zwei sehr bemerkenswerte Kirchen. Die ältere, christkatholische, 1737–1739 nach Plänen Bagnatos erbaute, farbenfroh und qualitätvoll ausgestattete, ist ein wahres Schmuckkästlein. 1900/01 erbaute die römisch-katholische Kirchgemeinde ihre Kirche. Architekt war August Hardegger. Er lieferte nicht nur die Pläne für den Bau, sondern entwarf auch die Ausstattung (Altäre, Kanzel usw.), alles im neugotischen Stil. So entstand ein Gesamtwerk wie aus einem Guss. Anfangs der siebziger Jahre wurde die Kirche innen und aussen restauriert. Der kantonale Denkmalpfleger bezeichnete die Arbeit als «Musterrestaurierung eines Historismus-Bauwerkes».

Vom Salz und andern Bodenschätzen

An Bodenschätzen ist das Fricktal etwas reicher als der übrige Aargau: Eisenerz gibt es im Bezirk Laufenburg, Salz im Bezirk Rheinfelden. Zwei Salinen, die eine bei Riburg, die andere in Schweizerhalle (Gemeindebann Pratteln BL) versorgen heute mit Ausnahme der Waadt die ganze Schweiz mit Salz. 1982 beuteten die Salinen von Riburg und Schweizerhalle je 150 000 t Salz aus dem Boden aus.

1836 stiess der Deutsche Carl Christian Friedrich Glenck beim Rothaus im Gemeindebann Pratteln auf eine ergiebige Salzschicht; ein Jahr später wurde etwas östlich davon die Saline Schweizerhalle eröffnet. Warum sollte nicht auch im benachbarten aargauischen Rheintal Salz vorhanden sein? Bohrungen des Möhliner Wirtschaftspioniers Johann Urban Kym (1805–1889) an der Ergolz im Gemeindebann Kaiseraugst wurden 1841 fündig. Die Saline, die Kym darauf erbaute, produzierte aber nur von 1843 bis 1847; 1865 wurde der Betrieb wieder aufgenommen, 1909 endgültig stillgelegt. 1844 stiess man etwas oberhalb Rheinfelden auf ein Salzlager, das viel mächtiger war als das in Kaiseraugst. Dort wurde die Saline Rheinfelden errichtet, die von 1845–1942 in Betrieb war; die Hauptgebäude im nüchternen Fabrikbaustil der Zeit stehen noch.

Im selben Jahr, da man in Rheinfelden Salz fand, erbohrte J. U. Kym Salz im Gebiet der Saline Riburg. Er erhielt die Konzession für eine neue Saline, die er, obwohl sie im Gemeindebann Rheinfelden steht, nach dem nahen Riburg, dem untersten Dorfteil Möhlins, nannte. Sie wurde 1848 eröffnet, ist also gleich alt wie unser Bundesstaat. Auf den 1. Januar 1874 schlossen sich die drei aargauischen Salinen Kaiseraugst, Rheinfelden und Riburg zur Aktiengesellschaft «Schweizerische Rheinsalinen» zusammen, 1909 erfolgte der Zusammenschluss mit der Saline Schweizerhalle zu den «Vereinigten Schweizerischen Rheinsalinen» mit Sitz in Pratteln/Schweizerhalle BL.

Mit dem Salz hängt das Solbadwesen im Bezirk Rheinfelden zusammen. 1846 erhielt der Schützenwirt in Rheinfelden als erster die Konzession zur Verabreichung von Solbädern. Die andern Rheinfelder Gasthöfe folgten. Oberhalb des Städtchens entstand das Rheinsolbad, das als «Hôtel des Salines» zum grössten und

43

vornehmsten Hotel Rheinfeldens wurde, in dem neben vornehmen Schweizern besonders deutsche, französische und russische Gäste ihre Badekur machten. Rheinfelden wurde ein weltbekannter Solbadkurort. Noch kurz vor Ausbruch des Ersten Weltkrieges im Sommer 1914 gab man in Rheinfelden einen Werbeprospekt in russischer Sprache heraus. In Möhlin richteten vier Gasthöfe Solbäder ein, in Mumpf die «Sonne» 1863 und die «Schönegg» um 1900. In den besten Zeiten zählte man in Möhlin in den Sommermonaten bis 160 Kurgäste. 1895 wurde in Rheinfelden als Nachfolgerin des Armensolbades das Solbadsanatorium, die heutige Solbadklinik gegründet.

Der Erste Weltkrieg schadete dem Kurort Rheinfelden sehr, der Tiefpunkt wurde aber erst im Zweiten Weltkrieg erreicht. Von den fünfziger Jahren an stellten einzelne Hotels vom Kur- auf Touristenbetrieb (Cars) um, die beiden grössten, die «Krone» und das «Salines» schlossen gar. Dank einigen tatkräftigen Männern begann in den sechziger Jahren ein neuer Aufstieg. 1974 nahm das Kurzentrum seinen Betrieb auf, in der Folge wurde ein Teil des Hotels «Salines» renoviert und als «Park-Hotel» neu eröffnet, den Kurbrunnen aus dem Jahre 1933 baute man in ein Casino um. Mit Hilfe des Staates erfuhr das Solbadsanatorium einen grosszügigen Aus- und Neubau zur Solbadklinik, und die Badehotels modernisierten ihren Betrieb und bauten eigene Soleschwimmbäder.

Neben dem Salz verfügt der Bezirk über mächtige Kiesvorräte, die in mehreren Gruben abgebaut werden. Die Steinbrüche, in denen man Muschelkalk (Magden, Wegenstetten) und Buntsandstein (Rheinfelden) gewann, sind stillgelegt oder werden höchstens noch bei Gelegenheit benutzt, von den Gipsgruben an der Mumpferfluh und bei Wegenstetten weiss man kaum mehr etwas. Auch die Lehmgruben der Ziegeleien in Rheinfelden, Möhlin, Zeiningen, Magden, Olsberg und Stein sind verschwunden wie die Ziegeleien auch. Von diesen war die Mechanische Ziegelei Rheinfelden die grösste, sie war von allen auch am längsten in Betrieb, nämlich bis 1937. Von Zuzgen hört man, es sei dort im letzten Jahrhundert nach Kalisalz gebohrt worden.

Aktenkundig sind die vergeblichen Versuche, Steinkohle zu finden. Danach bohrte man 1850–1877 im Tälchen zwischen dem Kleinen Sonnenberg und dem Schönenberg (Zeiningen), 1869/70 in Wallbach, 1875 am Augsterstich am unteren Ende des Weiherfeldes (Rheinfelden), 1881–1889 am Nordhang des Zeiningerberges (Zeiningen) und 1894–1899 in Mumpf. Man erhielt dabei wenigstens genauen Aufschluss über den Untergrund, u. a. die Gewissheit, dass die Steinkohlenformation bei uns fehlt.

Hinter den Bohrungen von Wallbach und Mumpf stand neben anderen Cornelius Vögeli von Hettenschwil bei Leuggern, der im Jahre 1892 das Salzlager von Koblenz entdeckte.

Wie die Industrie
in den Bezirk Rheinfelden kam

Es war vor der Aufhebung der Zünfte nicht etwa so, dass es nur in der Stadt Handwerker gegeben hätte. Als Gewerbebetriebe gab es auf dem Land seit altersher Mühlen, Schmieden, Gasthöfe, später auch Sägereien und Ziegeleien. 1704 wird in Möhlin ein Biersieder erwähnt, daneben arbeiteten dort Schmiede, Weber und Seiler, Zimmerleute, Schreiner, Tischler, Schuhmacher und Schneider, Sattler und Küfer. In Kaiseraugst, Wallbach und Mumpf lebten Fischer, Flösser und Schiffsleute. Die Rheinfelder Handwerker wehrten sich zwar gegen die Konkurrenz der Landhandwerker, die vorderösterreichische Regierung stellte sich aber auf die Seite der Landhandwerker. Schliesslich löste sie den Zwist so, dass sie 1766 die Landhandwerker in die städtischen Zünfte eingliederte. Es gelang der Stadt nie, ein Gewerbemonopol zu erreichen.

Unter Maria Theresia und Joseph II. versuchte die Regierung sowohl die Landwirtschaft als auch Gewerbe und Industrie zu fördern. 1759 schlug sie dem Rheinfelder Rat die Einrichtung einer Baumwollfabrik vor, der Rat wollte aber nicht. 1782 durfte ein Lothringer eine Ker-

zenfabrik eröffnen, die aber bald einging.

1799 erwarb der aus dem Wiesental stammende Franz Josef Dietschy den Gasthof «zum Salmen» samt dem damit verbundenen Braurecht. Schon ein Jahr später konnte er sein Bier bis nach Frick, Basel, Liestal und Lörrach verkaufen. In der zweiten Hälfte des letzten Jahrhunderts setzte die Entwicklung zum Grossbetrieb ein; anfangs der achtziger Jahre verlegte Dietschys Schwiegersohn Carl Habich den Betrieb aus der Altstadt ins Kloosfeld. In der Folge wurde die Brauerei stets erweitert und erneuert. 1971 trat die Salmenbräu AG als Gründungspartner der Sibra Holding AG bei, die noch weitere Brauereien umfasste. 1973 benannte die Sibra die verschiedenen Biermarken der ihr angeschlossenen Brauereien auf die nationale Einheitsmarke «Cardinal» um. 1978 wurde auch der Firmenname der Einheitsmarke angepasst und auf «Cardinal Brauerei Rheinfelden AG» geändert. Sie beschäftigt in Rheinfelden rund 110 Mitarbeiter. – Die Brauerei Feldschlösschen wurde 1876 von Theophil Roniger, Brauer von Magden, und dem Olsberger Landwirt Mathias Wüthrich gegründet. Sie wuchs zur grössten Brauerei der Schweiz heran. Zusammen mit weiteren Brauereien bildet sie die Feldschlösschengruppe. Mit seinen 477 Mitarbeitern ist das Stammhaus Rheinfelden, dem vor drei Jahren ein Kunstführer der Gesellschaft für Schweizerische Kunstgeschichte gewidmet worden ist, der zweitgrösste Arbeitgeber im Bezirk und der grösste in Rheinfelden.

F. X. Bronner nennt in seinem Werk eine einzige Fabrik im Fricktal, nämlich die Papierfabrik in der Wanzenau unterhalb Rheinfelden. Daneben bestanden aber auch schon die Saline Kaiseraugst (1843) und eine Tabakfabrik in Rheinfelden (1841). Die Tabakindustrie ist wahrscheinlich die älteste Industrie des Fricktals. Entscheidend für deren Entwicklung wurde die Gründung der Zigarrenfabrik des Strassburgers Christoph Dillemann 1849, aus der die grosse Zigarrenfabrik Liewen & Co. hervorging. Im letzten Jahrhundert gab es in Rheinfelden eine Zeitlang vier Tabakfabriken. Von ihnen besteht heute nur noch die Firma A. Wuhrmann & Co. AG.

1857 zählt man im Bezirk Rheinfelden 10 Fabriken mit zusammen 49 Arbeitern. 1885 waren immer noch 10 Betriebe dem schweizerischen Fabrikgesetz unterstellt, sie beschäftigten aber jetzt 342 Arbeiter. Das waren 3% der Wohnbevölkerung (Kanton 6,8%). Prozentual weniger Fabrikarbeiter zählten nur noch die Bezirke Zurzach, Laufenburg und Muri.

Die wenigen Arbeitsplätze genügten aber nicht, die Arbeitskräfte zu beschäftigen, die in der Landwirtschaft je länger je weniger ihr Auskommen finden konnten. Früher wären sie ausgewandert. Manche taten es noch, viele aber fanden jetzt Arbeit in den Säckinger Fabriken, wo Schweizer Fabrikanten nach der Gründung des deutschen Zollvereins 1835 zur Hauptsache Seidenbandwebereien einrichteten. (Nach der Gründung der EWG wiederholte sich der Vorgang, es entstanden u. a. Schweizer Betriebe in Säckingen und Wehr.) Aus Stein, Mumpf, Wallbach, Obermumpf, Schupfart, Zuzgen, Hellikon und Wegenstetten strömten die Arbeiter und Arbeiterinnen täglich zu Hunderten über die Säckinger Brücke oder benützten die Fähre in Mumpf.

Säckingen wurde nach der Aufhebung des Klosters 1806 mit seiner Industrie noch einmal der Mittelpunkt eines grossen Teils des Bezirks Rheinfelden. In Säckingen tätigte man auch seine Einkäufe. Wenn man in Wegenstetten sagte, man gehe in die Stadt, so meinte man nicht Rheinfelden, sondern Säckingen. Den Weg legte man selbstverständlich zu Fuss zurück, zweimal im Tag, und abends nach der Heimkehr arbeitete der Mann im kleinen Bauernbetrieb, den im übrigen die Frau mit den Kindern besorgte.

Arbeitsplätze im Fricktal boten dann die Seidenwindereien, die im Zusammenhang mit der Seidenbandweberei im benachbarten Baselbiet in Wegenstetten, Hellikon, Möhlin und Mumpf entstanden. Sie gingen teils bald nach dem Ersten Weltkrieg, teils in der Krise der dreissiger Jahre ein.

Neue Verdienstmöglichkeiten ergaben sich beim Bau des Kraftwerks Rheinfelden (Baden), dann in der Industrie, die das Kraftwerk nach sich zog. In der Aluminiumhütte Rheinfelden (Baden), der ältesten in Deutschland (1898) arbeiteten anfänglich 30–40% Schweizer, die meisten aus Rheinfelden und dessen näherer Umgebung. – Das Kraftwerk Rheinfelden nahm 1898 den Betrieb auf. Es versorgte weite Teile des Kantons Aargau, besonders das Fricktal, und die beiden Basel mit Strom. 1916 übernahm das Aargauische Elektrizitätswerk die Stromversorgung auf aargauischem Gebiet, bezog den nötigen Strom aber weiter aus dem Werk Rheinfelden. 1912 wurde das

Werk Augst–Wyhlen in Betrieb genommen, das jetzt die beiden Basel mit Licht und Kraft versorgte. 1931 folgte das Kraftwerk Riburg–Schwörstadt, das gegenwärtig für eine grössere Leistung ausgerüstet wird, 1966 das Kraftwerk Säckingen.

Verhältnismässig spät hielt die Industrie in Möhlin Einzug. Die Saline Riburg, das Kraftwerk Riburg–Schwörstadt und die Eisen- und Waggonbau Josef Meyer AG stehen unmittelbar an der Möhliner Banngrenze, aber noch auf Rheinfelder Boden. Sie bieten Möhlin aber willkommene nahe Arbeitsplätze. 1932 nahm in Möhlin selber die Bata

Schuh AG ihren Betrieb auf. 1937 beschäftigte sie gegen 500 Arbeitskräfte, heute sind es noch um 300. 1955 schuf die Gemeinde östlich von Riburg eine grosse Industriezone mit Gleisanschluss, wo sich seither über ein Dutzend grössere und kleinere Betriebe verschiedener Art niedergelassen haben. 1914 wurde unterhalb Wallbach eine chemische Fabrik erbaut. Seit 1947 befindet sich in deren Gebäulichkeiten die Novoplast GmbH, die 155 Mitarbeiter beschäftigt. Der grösste Arbeitgeber im Bezirk Rheinfelden ist aber das Werk Stein der Ciba-Geigy AG mit 1200 Mitarbeitern. Als die Basler Che-

49

miefirmen nach dem letzten Krieg in Basel für die Erweiterung ihrer Betriebe keinen Platz mehr fanden, wichen sie ins Fricktal, ins mittlere Rheintal aus. Den Anfang machte die Ciba, die später mit der Geigy fusionierte. Sie wählte als Standort den Bahnknotenpunkt, Schnellzugshalt und Brückenort Stein, wo sie seit 1957 produziert.

Die Uhrenindustrie schliesslich hat wahrscheinlich aus dem Baselbiet oder dem Solothurnischen ins Fricktal hinübergegriffen. Ein Betrieb in Stein existierte nur kurze Zeit 1918–1924/25; die Uhrensteinfabriken in Obermumpf, Zeiningen und Hellikon sind ebenfalls eingegangen. Verschwunden ist auch die Uhrenfabrik in Rheinfelden. In Betrieb ist nur noch die Economic Swiss Time Ltd. in Mumpf.

Ein Beispiel dafür, wie sich ein Gewerbebetrieb nicht nur den veränderten Bedingungen anpassen, sondern sich in ein Fabrikunternehmen entwickeln kann, sind die zwei Zahnradfabriken in Rheinfelden. 1841 kam der Mühlenbauer Martin Grell von Obermumpf nach Rheinfelden und richtete dort einen neuen Betrieb ein, in dem auch die in den Mühlen nötigen Zahnräder hergestellt wurden. Als die Wassermühlen eingingen und das herkömmliche Mühlenbaugewerbe überflüssig wurde, stellten sich die Nachkommen Martin Grells zuerst auf Reparaturarbeiten, besonders an Autos, und dann auf die Fabrikation von Zahnrädern um. Daraus haben sich ein grosser Garagenbetrieb und zwei Zahnradfabriken entwickelt.

Neben den oben erwähnten sind noch einige andere Industriebetriebe verschwunden: die Schiffswerft (1919–1935) und die Zellulosefabrik (1888–1929) in Kaiseraugst, in Rheinfelden die Viscose AG, eine Zündholz-, eine Rohrmöbel- und eine Fassfabrik, deren Gebäude jetzt dem Fournierwerk dient, ebenso die 1906 gegründete Steingutfabrik, (Chachelifabrik), bei der Saline Riburg.

Von den verschwundenen Gewerbebetrieben sei nur die mechanische Spulendreherei Wyser in Zuzgen erwähnt (1878–1969), wo zeitweise täglich 8000–10 000 Fadenspulen, vorwiegend aus Birkenholz, gedreht wurden.

Strasse, Fluss und Eisenbahn

Das Fricktal ist ein Durchgangsland. Zur Römerzeit durchzog die Heerstrasse Augsburg – Bodensee – Vindonissa – Bözberg – Augst – Mainz das Land. Im Mittelalter und bis zum Übergang an den Aargau verlief die Strasse von Basel auf dem rechten Ufer bis Rheinfelden, wo sie auf die linke Rheinseite wechselte. In Stein gabelte sie sich. Ein Strang führte über den Bözberg bis nach Zürich, die andere über Laufenburg, wo er auf das rechte Ufer zurückkehrte, an den Bodensee. Die Strasse war bis in das 18. Jahrhundert hinein schlecht, dann begann der Ausbau. Um 1750 und 1770 verbreiterte man sie zwischen Mumpf und Stein und fundierte sie besser. Nach 1803 wurden Bözberg- und Laufenburgerstrasse auf 7,20 m verbreitert. Da die grösste Steigung 7% nicht übersteigen sollte, trug man 1831 den Steinerstich ab, der damals höher und entsprechend steiler war als heute.

Noch viel schlechter als die Landstrasse waren die Wege in die Nebentäler hinein. Ausgebaut wurden sie erst in der zweiten Hälfte des letzten oder sogar erst zu Anfang dieses Jahhunderts: Möhlin–Wegenstetten 1867, Giebenach–Ols-

berg 1900, Eiken–Schupfart–Wegenstetten 1909, Rheinfelden–Magden–Maisprach und Mumpf–Obermumpf 1917. Vorher hatte man Obermumpf über den Weg erreicht, der heute als Wanderweg dient. Die alten Strassenzüge, zum Beispiel der von Eiken über den Schupfarterberg nach Schupfart und über Bäperg nach Wegenstetten, werden heute als Flurwege benutzt. 1966 wurde das Teilstück der N 3 Kaiseraugst–Rheinfelden eröffnet, 1974 die Fortsetzung bis Frick.

1755 zählte man auf der Strasse zum Bözberg 417 Wagen mit Salz aus Lothringen, 200 Lastwagen des Basler Fuhrunternehmens Iselin, dazu Fuhren mit Wein, Getreide und andern Gütern. Nach dem Bau der neuen Bözbergstrasse – heutiges Trassee von Effingen auf den Stalden und nach Brugg – stieg die Zahl der Wagen auf 833 an, und 1848 soll der Wagenverkehr während der Badesaison so dicht gewesen sein, dass man im Juli und August an der Bözbergstrasse nicht arbeiten konnte.

Seit dem 18. Jahrhundert diente die Strasse Zürich–Basel auch dem *Postverkehr*. Er wurde in der ersten Hälfte des

Jahrhunderts von Boten besorgt. 1766 richtete man eine Landkutsche ein, die 1788 durch eine Chaise ersetzt wurde. Postbüros bestanden in Stein und Rheinfelden; die Tafel, die in österreichischer Zeit am «Postambt» Rheinfelden hing, befindet sich im Fricktaler Museum. Vor 1830 gab es wöchentlich zweimal einen Postkurs Basel-Zürich, von 1830 an verkehrte täglich ein Eilwagen, der für die einfache Strecke 12 Stunden brauchte. Die Tages- und Nachtkurse ab 1844 brauchten nur noch 10 1/2 Stunden. Einen Tages- und einen Nachtkurs gab es auch zwischen Aarau und Frick über die Staffelegg und zwischen Stein und Laufenburg; sie sorgten in Frick beziehungsweise Stein für den Anschluss an die Kurse Zürich-Basel. Die erste Verbindung mit dem Baselbiet war der Kurs Liestal-Rheinfelden 1853, er begann etwas später in Sissach und ab 1891 in Gelterkinden. Von 1865 an verkehrte eine Postkutsche zwischen Möhlin und Wegenstetten. Im Winterhalbjahr 1913/14 gab es im Bezirk folgende Postkurse: Augst-Olsberg, Magden-Wintersingen, Möhlin-Wegenstetten und Rheinfelden-Buus. Anfangs der zwanziger Jahre bildete sich eine private Automobilgesellschaft Oberbaselbiet-Fricktal, die 1922 den Autobetrieb auf den Strecken Gelterkinden-Rheinfelden, Gelterkinden-Wegenstetten und Rheinfelden-Wegenstetten aufnahm. Zwei Jahre später übernahmen die PTT diese Strecken; das Stück Rheinfelden-Möhlin wurde dabei kurzerhand aufgehoben. 1978 eröffnete man es wieder. Seit 1979 kann man Olsberg mit dem Postauto auch über Magden erreichen. Heute ist Wallbach die einzige Gemeinde im Bezirk, die an kein öffentliches Verkehrsmittel angeschlossen ist.

Zu den Strassen gehören die *Brükken*. Die älteste ist die von Rheinfelden, die zwischen 1155 und 1170 erbaut worden sein dürfte. Die berühmte Säckinger Brük-ke, die längste gedeckte Holzbrücke Europas (200 m) ist jünger, muss aber 1270 gestanden haben. Seit 1978 die neue Strassenbrücke, die Fridolinsbrücke, eröffnet worden ist, geht der ganze Schwerverkehr aus dem Raum Rheinfelden-Stein-Laufenburg über die neue Brücke – und durch Stein hindurch. Rheinfelden ist damit stark entlastet worden.

Im Mittelalter und noch bis zum Beginn des 19. Jahrhunderts spielte die *Rheinschiffahrt* eine wichtige Rolle. Der schlechten Strassen wegen benutzte man für die Beförderung von Menschen und Waren wenn immer möglich den Wasserweg. «Die aus Italien über die Alpenpässe transportierten Waren wurden zum grössten Teil mit dem Schiff auf dem Rhein in die rheinischen und flandrischen Handelsstädte befördert. Auch der Personenverkehr war beträchtlich. Ein starkes Kontingent stellten die Wallfahrer, die aus dem Breisgau und dem Elsass nach Einsiedeln pilgerten und auf der Heimfahrt das Schiff benutzten.» (Fridolin Jehle, Geschichte der Gemeinde Mumpf, 1971.) Wenn die Schiffe wegen ungünstigen Wasserstandes die gefährliche Strecke zwischen Mumpf und Rheinfelden nicht befahren konnten, mussten die Waren in Mumpf ausgeladen und mit Wagen nach Rheinfelden geführt werden. – Von Rheinfelden fuhr ein Schiff, das sogenannte Wochengefährt, jede Woche dreimal nach Basel. Aber schon im 18. Jahrhundert, als die Strassen besser wurden, ging die Schiffahrt zurück; in den dreissiger Jahren des letzten Jahrhunderts war sie fast bedeutungslos geworden; 1830 verkehrte auch das Rheinfelder Wochengefährt nicht mehr. Seit 1912 verkehren im Sommerhalbjahr für den Ausflugsverkehr Personenschiffe von Basel nach Rheinfelden.

Was hingegen bis über die Jahrhundertmitte hinaus gedieh, war die *Flösserei*. Sie lag, wie Schiffahrt und Fischerei, in den Händen der Rheingenossenschaft, die seit dem 16. Jahrhundert belegt ist. Den Höhepunkt erreichte die Flösserei im Jahre 1856, als 4251 Flosse die Säckinger Brücke passierten. Dann begann der Rückgang, ausgelöst vor allem durch die Eröffnung der Bahnlinie Basel–Waldshut. 1890 sollen es noch ungefähr 500 Flosse gewesen sein, 1901–1907 durchschnittlich 32. Mit dem Bau des Kraftwerks Riburg–Schwörstadt wurde der Flossverkehr eingestellt. Das letzte Floss passierte die Augster Schleuse am 27. Mai 1927.

Über den Rhein führen noch zwei *Fähren,* eine Motorfähre zwischen Kaiser-augst und Augst–Wyhlen und eine Seilfähre zwischen Mumpf und Bad Säckingen. Die Mumpfer Fähre, die nur noch über das Wochenende für die Ausflügler verkehrt, wird schon 1535 erwähnt. Früher diente sie unseren Grenzgängern, die in Säckingen drüben zur Arbeit gingen. Die Kaiseraugster Fähre jedoch verkehrt täglich, sie bringt badische Grenzgänger in die Schweiz.

Als man in der Schweiz anfing, sich mit dem Bau von *Eisenbahnen* zu beschäftigen, kam aus begreiflichen Gründen sofort das Fricktal ins Gespräch. 1838 liess die im selben Jahr gegründete Basel–Zü-

rich-Eisenbahngesellschaft von dem englischen Ingenieur Locke ein Projekt für eine Bahnverbindung Basel–Zürich ausarbeiten. Locke schlug eine Linienführung von Basel über Stein-Laufenburg-Koblenz-Turgi nach Zürich vor.

Fricktaler Wirte und Fuhrleute vereinigten sich darauf, um gemeinsam den Bahnbau zu bekämpfen. In Wallbach riss man die Signalstangen und Pflöcke, womit die Strecke abgesteckt wurde, aus, und unter der Führung eines Wallbacher Wirts brach ein «kleiner Aufstand» aus, der aber vom Rheinfelder Bezirksamtmann gütlich beigelegt werden konnte. Die Bahnverbindung kam dann 1859 über Turgi-Koblenz-Waldshut-Basel zustande.

Locke hatte seinerzeit eine Linie über den Bözberg aus Scheu vor dem Tunnelbau gar nicht erwogen. Sie kam 1843 ins Gespräch; die aargauische Regierung vertrat sie mit Nachdruck. Die Fricktaler selber begannen sich nun für die Bözbergbahn zu erwärmen. Treibende Kräfte waren Johann Urban Kym von Möhlin und der Rheinfelder Gemeinderat. 1855 fand in Möhlin eine denkwürdige Versammlung statt, die den Grossen Rat in einer Eingabe ersuchte, der Staat möge sich mit zwei Millionen Franken an einem Bözbergbahnprojekt beteiligen. Die Fricktaler Gemeinden versprachen, ansehnliche Beiträge zu leisten. Der Grosse Rat lehnte eine staatliche Beteiligung jedoch ab.

Das Gespräch um die Bözbergbahn kam jedoch nicht zur Ruhe. Noch im selben Jahrzehnt wurde ein Bözbergbahn-Comité gegründet, das sich unentwegt für den Bahnbau einsetzte. 1870 beschlossen die Nordostbahn- und die Schweizerische Centralbahngesellschaft, die Linie zu bauen. Die Fricktaler Gemeinden leisteten erhebliche Beiträge, Möhlin zum Beispiel Fr. 150 000.–. 1875 konnte die Bahn eröffnet werden; 1892 folgte die Linie Stein-Koblenz.

Die Bözbergbahn brachte anfänglich nicht den erhofften wirtschaftlichen Aufschwung, er setzte erst um 1890 ein. Hingegen ging der Güterverkehr auf der Strasse ein. Die Postkurse Zürich-Basel waren schon 1859 bei der Eröffnung der Linie Zürich-Turgi-Koblenz-Waldshut-Basel aufgehoben worden.

Das Rheintal und seine Randhöhen im Bereich des Bezirks Rheinfelden und des Landkreises Waldshut sind uraltes Siedlungsgebiet. Seit mehr als fünfzig Jahren kennt man aus dem Ende der Altsteinzeit die beiden Fundstellen Bönistein zwischen Zeiningen und Mumpf und Ermitage bei Rheinfelden, seit 1972 eine dritte Uf Wigg auf der Möhlinerhöhe. Streufunde, die in den letzten Jahren auf dieser Möhlinerhöhe, dem urgeschichtlich interessantesten Gebiet im Fricktal, gemacht worden

sind, weisen aber darauf hin, dass, wie auf der andern Rheinseite und im Baselbiet, schon in der mittleren Altsteinzeit Menschen in unserem Gebiet gelebt haben müssen. Reiche Funde aus allen folgenden Abschnitten der Urgeschichte belegen, dass seit der mittleren Altsteinzeit das untere Fricktal beständig besiedelt war. Welchen Völkern jene Menschen angehörten, weiss man nicht.

Das erste Volk, das wir kennen, waren die mit den Helvetern verwandten kel-

tischen Rauracher. Nach ihnen nannten die Römer die 44 v. Chr. an der Ergolzmündung gegründete Siedlung Augusta Raurica, das rauraurachische Augst. Damit begann in unserem Gebiet die römische Herrschaft, die fast viereinhalb Jahrhunderte dauerte. Mit Ausnahme der Zeit zwischen 100 und 260 war das Fricktal Grenzland und während der ganzen römischen Zeit Durchgangsland; durch das Fricktal führte die Heerstrasse Augsburg-Bodensee – Vindonissa – Bözberg – Augst – Mainz. Beides, Grenzland und Durchgangsland, ist das Fricktal heute noch – oder wieder. Ein Netz von Gutshöfen breitete sich über unser Gebiet aus; es gibt kaum eine Gemeinde im Bezirk Rheinfelden, in der nicht die Spuren mindestens einer Villa rustica im Boden stecken. - Da mit dem Jahr 260 der Rhein wieder Grenze geworden war, erbauten die Römer zum Schutz gegen die Alemannen das Kastell Kaiseraugst, und nach 369 die Wachttürme am Rhein, von denen im Bezirk Rheinfelden die Ruinen der Türme am Pferrichgraben oberhalb Rheinfelden, am Fahrgraben im Forst und in der Stelli unterhalb Wallbach konserviert sind. Ob die eindrückliche Toranlage auf dem Bürkli bei Riburg ebenfalls spätrömisch ist, ist unsicher. 1960–1964 kamen unter der Dorfkirche Kaiseraugst und in ihrer Umgebung die Grundmauern einer frühchristlichen Kirche mit Baptisterium zum Vorschein.

Kaiseraugst war damals Bischofssitz, bis 618 der Bischof nach Basel übersiedelte, von dem das Bistum den Namen erhielt. Etwa um 500 setzte die alemannische Landnahme ein. Die Alemannen behielten ihren heidnischen Glauben, vom Christentum der gallorömischen Bevölkerung scheinen sie unberührt geblieben zu sein. Den neuen Glauben empfingen sie erst, als der heilige Fridolin um 600 im Auftrag des fränkischen Königshauses, dessen Herrschaft sich die Alemannen

schon früher hatten beugen müssen, von Säckingen aus in unserer Gegend zu wirken begann.

Im Frankenreich gehörte unser Gebiet zuerst zum Augstgau, der wahrscheinlich im 9. Jahrhundert in Frickgau und Sisgau zerfiel. Die Grenze zwischen Sisgau im Westen und Frickgau im Osten verlief von der heutigen Aargauer Grenze ungefähr den Gemeindegrenzen zwischen Zeiningen und Möhlin einerseits, Zuzgen, Mumpf und Wallbach anderseits entlang an den Rhein. Als die fränkische Gaueinteilung politisch schon längst keine Rolle mehr spielte, blieb die Gaugrenze als Grenze zwischen den Dekanaten Frickgau und Sisgau des Bistums Basel bis zum Übertritt Basels zur Reformation bestehen. Damals wurden die fünf Fricktaler Kirchen des Dekanates Sisgau, Kaiseraugst, Magden, Rheinfelden, Möhlin und Zeiningen dem Dekanat Frickgau zugeteilt. Selbstverständlich war der Rhein in dieser Zeit keine Landesgrenze mehr. Er wurde es aber wieder, als das Fränkische Reich zerfiel und unser Gebiet mit dem Bistum Basel zum Mittelreich Lothars kam, während die rechte Rheinseite nun im ostfränkischen Reich Ludwigs des Deutschen lag. 888 zerfiel auch das Mittelreich. Auf dessen Gebiet entstand das Königreich Burgund, zu dem das ganze Fricktal gehörte.

In dieser Zeit liessen sich um 930 Verwandte des burgundischen Königshauses da nieder, wo heute Rheinfelden steht, und erbauten zwei Burgen. Die eine, die man später Stein zu Rheinfelden nannte, lag auf der Felseninsel im Rhein. Die Herren, später Grafen von Rheinfelden, erhielten als burgundisches Lehen ein kleines Gebiet links vom Rhein, dazu, dank den guten Beziehungen zwischen dem burgundischen und dem deutschen Herrscherhaus, ein weiteres Gebiet auf der rechten Rheinseite als deutsches Lehen.

Beide Gebiete bildeten zusammen die Grafschaft, auch Herrschaft Rheinfelden, zu der nach Karl Schib auf unserer Seite «alle Dörfer des heutigen Bezirks vom Mumpfer Bach bis Kaiseraugst» gehörten.

1032/33 kam Burgund und damit das Fricktal ans Deutsche Reich. Der zweitletzte Graf von Rheinfelden, Rudolf, Schwager Kaiser Heinrichs IV., unterstützte im Kampf zwischen Kaiser und Papst den Papst, dessen Anhänger ihn 1077 zum König wählten. 1080 besiegte er in der Schlacht von Hohenmölsen (SW Leipzig) den Kaiser, wurde aber tödlich verwundet. Er erhielt ein fürstliches Begräbnis im Dom von Merseburg; eine Kopie seiner kunstgeschichtlich bedeutsamen bronzenen Grabplatte liegt in der Johanniterkapelle Rheinfelden. Der Rheinfelder Besitz in der Westschweiz und die Grafschaft Rheinfelden gingen an den Schwiegersohn Rudolfs, Berthold II. von Zähringen, über, dessen Besitz bis jetzt den Breisgau umfasst hatte.

1127 erhielt Bertholds II. Sohn, Herzog Konrad, das Rektorat (Stellvertretung des Kaisers) über Burgund. Es gelang ihm, die verlorengegangenen Rechte und Besitzungen der Rheinfelder in der Westschweiz zurückzugewinnen und auszubauen. Damit wurde Rheinfelden zum Angelpunkt zwischen den weit auseinanderliegenden Gebieten der Zähringer, dem Breisgau und der Westschweiz, und das war wohl der Grund, warum Herzog Konrad die Siedlung, die allmählich im Schutze der beiden Burgen herangewachsen war, frühestens 1130 zur Stadt erhob. Etwa dreissig Jahre später wurde die Brücke erbaut. Rheinfelden ist damit die älteste Zähringerstadt in der Schweiz. Es bildete einen eigenen Verwaltungs- und Gerichtsbezirk und schied aus der Grafschaft aus. Diese wurde weiter vom Stein zu Rheinfelden aus verwaltet, der rechtlich mit der Stadt aber nichts zu tun hatte.

1218 starben die Zähringer aus. Die Grafschaft und die Stadt Rheinfelden fielen als Reichslehen ans Reich zurück. Kaiser Friedrich II. verlieh der Stadt 1225 die Reichsfreiheit, über die Grafschaft setzte er einen Vogt, der auf dem Stein residierte. Als 1273 Rudolf von Habsburg deutscher König wurde, geriet unser Gebiet in den Machtbereich der Habsburger. Ihr ursprünglicher Besitz lag im Elsass und im Eigenamt bei Brugg. Sie versuchten nun, die beiden Gebiete miteinander zu verbinden, sich also im Fricktal und rechts vom Rhein festzusetzen. Das gelang ihnen teilweise, als sie nach dem Aussterben der Lenzburger 1173 die Vogtei über das Kloster Säckingen und die Landgrafschaft im Frickgau erhielten. 1330 schliesslich verpfändete König Ludwig der Bayer den Habsburgern Stadt und Herrschaft (Grafschaft) Rheinfelden, womit die Stadt ihre Reichsfreiheit verlor. So waren die Habsburger innert sechzig Jahren in den Besitz des Fricktals gekommen, und es blieb habsburgisch (österreichisch) fast ein halbes Jahrtausend lang.

Grossen Grundbesitz hatten im heutigen Bezirk Rheinfelden das Kloster Säckingen (Dinghöfe Stein mit Wallbach, Mumpf, Obermumpf und Zuzgen mit Oberzeiningen, Hellikon, Wegenstetten), das 1236 gegründete Zisterzienserinnenkloster Olsberg (Olsberg, Kaiseraugst, Magden, Zeiningen) und das St.-Martins-Stift Rheinfelden (Möhlin). Daneben gehörte Säckingen das Kirchenpatronatsrecht in Stein, Mumpf, Obermumpf, Schupfart, Zuzgen und Wegenstetten. Das Patronat über die Kirche Magden besass das Kloster Olsberg, jenes über die Möhliner Kirche die Deutschordenskommende Beuggen (oberhalb Rheinfelden/Baden). Noch heute erinnern das Äbtissinnenwappen über der Eingangstür des Magdener Pfarrhauses und die Wappentafel eines Beuggener Komturs in der Kirche Möhlin an die ehemalige Abhängigkeit der beiden Gotteshäuser.

Schon im Sempacherkrieg hatten die Berner einen Streifzug über den Bözberg ins Fricktal unternommen. Ins «Vorfeld der eidgenössischen Ausdehnung», wie Karl Schib schreibt, geriet das Fricktal aber erst, als die Eidgenossen 1415 und 1460/68 den Aargau besetzt hatten.

Im Alten Zürichkrieg belagerten Berner, Solothurner und Basler 1443 vergeblich Laufenburg. Während des Krieges zwischen der Stadt Basel und dem österreichischen Adel der Umgebung (St.-Jakober-Krieg) unterstützten sie die Stadt Rheinfelden, die 1415 wieder reichsfrei geworden war, gegen den sie bedrängenden österreichischen Adel und zerstörten dessen Zentrum, den Stein zu Rheinfelden. Die Basler raubten den Möhlinern, die österreichische Untertanen waren, die Getreideernte und verbrannten das Dorf, österreichische Ritter überfielen 1448 Rheinfelden, plünderten und verwüsteten es aufs greulichste.

Erst 1449 setzte die Colmarer Richtung den Kämpfen ein Ende. Sie bestimmte auch, Rheinfelden müsse unter die österreichische Herrschaft zurückkehren, und von da an blieb die Stadt, abgesehen von dem burgundischen Zwischenspiel, habsburgisch bis 1801.

Berner und Basler, diese besonders, versuchten noch mehrere Male, das Fricktal oder Teile davon zu erwerben. Zweimal, 1463 und 1467, kam es zwischen Herzog Sigmund von Österreich und der Stadt Basel zu einem Pfandschaftsvertrag über die Waldstädte und die Herrschaft Rheinfelden, beide Male leisteten die Fricktaler, allen voran die Möhliner, der Verpfändung erbitterten Widerstand, das erstemal mit Erfolg. Das zweitemal trat der Vertrag in Kraft, blieb es aber nur kurze Zeit, denn 1469 gingen das Fricktal, die vier Waldstädte, der südliche Schwarzwald, ein Teil des Breisgaus und das Oberelsass mit dem Sundgau als Pfand an Herzog Karl den Kühnen von Burgund. Die burgundische Herrschaft dauerte aber nur bis zum Abschluss der Ewigen Richtung zwischen den Eidgenossen und Herzog Sigmund im März 1474; ein halbes Jahr später brach der Burgunderkrieg aus.

In die Zeit zwischen den beiden Pfandschaftsverträgen zwischen Basel und Herzog Sigmund fiel ein Ereignis, das in Rheinfelden in den Sagen vom Burgermeister Gast und vom Lälli weiterlebt, nämlich der erfolglose Versuch von Basler und Berner Kriegsknechten, Rheinfelden in der Nacht vom 15. Dezember 1464 im Handstreich zu nehmen.

Basel und Bern liessen aber in ihren Anstrengungen nicht nach, das Fricktal zu erwerben. Die zerrütteten österreichischen Finanzen nach dem Dreissigjährigen Krieg schienen ihre Pläne zu fördern. Jetzt war es der Wiener Hof, der 1689 mit der eidgenössischen Tagsatzung, 1705 mit Basel über einen Verkauf, 1728 mit Bern über eine Verpfändung des Fricktals Verhandlungen aufnahm. Die Verhandlungen mit Bern dauerten zehn Jahre, sie scheiterten, wie alle andern auch, am heftigen Widerstand der Fricktaler und der breisgauischen Stände. Diese, die beiden Städte Laufenburg und Rheinfelden und das Fricktal, kauften sich 1738 durch die Gewährung eines Darlehens von der vorgesehenen Verpfändung an Bern los. Die Fricktaler wollten österreichisch bleiben. Dabei mag die Konfession eine Rolle gespielt haben, vielleicht auch die Tatsache, dass es den Untertanen in den eidgenössischen Ständen Basel, Solothurn, Bern und in der Grafschaft Baden nicht besser ging als den Fricktalern, abgesehen vom äusseren Frieden, in dem die Eidgenossenschaft seit 1515 lebte. 1748 machte Basel einen letzten Versuch, das Fricktal zu kaufen, aber Maria Theresia wies das Ansinnen trotz des verzweifelten Zustandes der Finanzen nach dem Österreichischen Erbfolgekrieg zurück.

Nach diesem Exkurs über die Versuche der Basler und Berner, das Fricktal zu erwerben, zurück zum zeitlichen Ablauf der Fricktaler Geschichte. Im Schwabenkrieg 1499 blieb unser Gebiet bis auf Möhlin, das ein weiteres Mal verbrannt wurde, von kriegerischen Ereignissen verschont. 1501 trat Basel der Eidgenossenschaft bei; damit war das Fricktal nun mit Ausnahme der Rheinseite ganz vom eidgenössischen Gebiet umgeben. Das Verhältnis zwischen Österreichern und Eidgenossen besserte sich jedoch allmählich, besonders nachdem die Eidgenossenschaft 1511 mit Kaiser Maximilian die Erbeinigung abgeschlossen hatte, einen Vertrag, «in dem sich beide Teile gute Nachbarschaft und freien Verkehr von Landschaft zu Landschaft gelobten».

Die Reformation scheint sich nur in Rheinfelden bemerkbar gemacht zu haben, wo 1523 der Prediger und Verfasser von Flugschriften, Johannes Eberlin von Günzburg, wirkte; allerdings nur vier Wochen lang, dann musste er auf obrigkeitlichen Druck hin die Stadt verlassen. Unter dem Einfluss der Reformation verliess die Äbtissin von Olsberg mit mehreren ihrer Mitschwestern das Kloster, das 1535 nur noch – vorübergehend natürlich – drei Konventualinnen zählte.

Wahrscheinlich von Waldshut her breitete sich das Täufertum bis in unsere Gegend aus; aus Höflingen und Magden werden Täufer genannt. Im Bauernkrieg von 1525 suchten junge Baselbieter das Kloster Olsberg heim, und die Möhliner halfen den Schwarzwälder Bauern die Kommende Beuggen plündern, der sie zehntpflichtig waren. Die Gegenreformation brachte die Kapuziner ins Fricktal. 1596 wurde die Kirche des Kapuzinerklosters Rheinfelden geweiht. Es stand auf der Anhöhe, die heute noch Kapuzinerberg heisst. 1634 verbrannten es die Schweden, worauf es in die Stadt hinein verlegt wurde. Ein Versuch des Jesuitenordens, sich in Rheinfelden niederzulassen, misslang, ebenso später das Vorhaben einiger Rheinfelder Bürger, in der Stadt ein Jesuitengymnasium einzurichten.

Eine grosse Enttäuschung bereiteten die Eidgenossen den Fricktalern im sogenannten Rappenmasskrieg, einer unblutigen Auseinandersetzung zwischen den Fricktaler Bauern und der Herrschaft. Ausgelöst wurde der Streit durch eine Umsatzsteuer von einem Rappenpfennig auf eine Mass Wein (1,5 l), welche die Regierung 1612 ankündigte. Den Fricktalern ging es weniger um den Rappenpfennig als vielmehr «um die Verteidigung der lokalen Selbstverwaltung gegenüber den Ansprüchen des modernen Beamtenstaates» (Karl Schib), zu dem sich die Habsburgermonarchie entwickelte. Ihren Ausgang nahm die Empörung in Möhlin, von dort breitete sie sich über das ganze Fricktal und die angrenzenden vorderösterreichischen Gebiete aus.

Der Streit zog sich hin, Blut floss aber keines. Schliesslich bat die vorderösterreichische Regierung in Ensisheim die eidgenössische Tagsatzung um Vermittlung. Diese versammelte sich 1614 in Rheinfelden und gab der Regierung auf der ganzen Linie recht. Die Strafen waren zwar mild, aber für die Anliegen der Fricktaler zeigten die eidgenössischen Gesandten nicht mehr Verständnis als 1653 im schweizerischen Bauernkrieg für die Klagen der eigenen Untertanen.

Seit dem Übergang an Österreich im Jahre 1330 hatte die Herrschaft Rheinfelden nie unter längeren Kriegshandlungen zu leiden gehabt, ausser Möhlin und Rheinfelden eigentlich immer im Frieden leben können; besonders das 16. Jahrhundert war eine eigentliche «Zeit des Friedens» (K. Schib). Dass an der Ostgrenze der Habsburgermonarchie seit 1526 ein ständiger Abwehrkampf gegen die Türken geführt werden musste, verspürte man im Fricktal nur an der Türkensteuer.

Das änderte sich nun mit dem Ausbruch des Dreissigjährigen Krieges (1618–1648), der die Auseinandersetzung zwischen Frankreich und den Habsburgern neu entfachte und über das Fricktal Verwüstung, Hunger und Elend brachte. Anfänglich blieb es auch da bei Steuererhöhungen und häufigeren militärischen Musterungen. Als aber 1632 die mit Frankreich verbündeten Schweden ins Elsass und nach Süddeutschland vorstiessen, wurde das Fricktal zum Kriegsschauplatz.

Österreichische, schwedische, später auch französische Truppen besetzten das Fricktal ganz oder teilweise, und das Verhalten der eigenen Truppen soll sich manchmal nicht stark von dem der feindlichen unterschieden haben. Rheinfelden wurde dreimal belagert, 1634 fast ein halbes Jahr lang; 1638 kam es auf der rechten Rheinseite zu den beiden Schlachten bei Rheinfelden, und von da an blieb die Stadt besetzt bis 1650, also zwei Jahre über den westfälischen Friedensschluss hinaus. Zur Erinnerung an den Abzug der französi-

schen Truppen läutet noch heute jeden Donnerstagabend die sogenannte Schwedenglocke.

Von 1633 bis 1650 litt unsere Gegend unsäglich. 1634 war nach einem Bericht der vorderösterreichischen Regierung «der dritte Teil der Wohnungen in den Dorfschaften abgebrannt, die andern Häuser stark beschädigt, sämtliche Kirchen ... entweder verbrannt oder teilweise abgetragen und alle Glocken und Uhren geraubt. Von einer Ernte war keine Rede, darum kann man in den Dörfern auch nicht einen Sester Frucht kaufen; für das Ansäen der Felder ist es zu spät, und dazu hat der Bauersmann weder Ross noch Pflug noch Wagen und Geschirr». Das Kloster Olsberg war ausgebrannt, Kapuzinerkloster und Siechenhaus Rheinfelden zerstört, Höflingen verödet, die Brücke verbrannt. Die Erinnerung an die Schwedenzeit lebt in Sagen und bildlichen Darstellungen bis heute.

Als mit dem Westfälischen Frieden die österreichischen Gebiete im Elsass in französischen Besitz übergingen und der Rhein zur Grenze zwischen Frankreich und Österreich wurde, lag unsere Gegend fortan «im Vorfeld der französischen Angriffsfront» (K. Schib).

1678, am Ende des Holländischen Krieges, erschienen die Franzosen wieder vor Rheinfelden, konnten es aber nicht einnehmen. Nun befestigten die Österreicher die Insel im Rhein mit einem Artilleriekastell, weshalb sie in Rheinfelden auch Burgkastell genannt wird.

Vor dem Ausbruch des nächsten Krieges Ludwigs XIV., nämlich des Pfälzischen Krieges (1688–1697), gelang es der Eidgenossenschaft, die Aufnahme des Fricktals in die eidgenössische Neutralität zu erreichen, um so den Krieg von der eigenen Grenze fernzuhalten.

Auch im Spanischen Erbfolgekrieg (1701–1714) blieb das Fricktal dank eidgenössischem Schutz unbehelligt. Später kamen keine entsprechenden Verträge mehr zustande.

Im Österreichischen Erbfolgekrieg (1740–1748) besetzten die Franzosen das Fricktal und zerstörten das Artilleriekastell und andere Befestigungswerke in Rheinfelden so gründlich, dass sie nicht mehr erneuert wurden.

Der Siebenjährige Krieg (1756–1763) berührte unsere Gegend nicht, dagegen verschrieb Maria Theresia dem Kloster Einsiedeln, bei dem sie zur Deckung von Kriegskosten Darlehen von über 100 000 Gulden aufgenommen hatte, als Pfand die Einnahmen der Landschaften Möhlinbach und Fricktal.

Von 1763 an konnte das Fricktal mehr als drei Jahrzehnte im Frieden leben. Dann brach die Französische Revolution aus. 1796 überschritten die Franzosen im Ersten Koalitionskrieg (1792–1797) den Rhein und stiessen nach Süddeutschland vor. Sie besetzten dabei auch das Fricktal, mussten es aber im gleichen Jahr wieder räumen. 1799 erschienen sie erneut (2. Koalitionskrieg 1799–1802) und blieben bis anfangs Mai 1801. Die Truppen lebten, wie in der Eidgenossenschaft, aus dem besetzten Land.

Über die Lasten, die dem Fricktal daraus erwuchsen, bestehen für die einzelnen Gemeinden genaue Aufzeichnungen. Es ist kaum zu glauben, was der Bevölkerung zugemutet wurde; ein Zeitgenosse schrieb: «Das Elend im Fricktal ist über alle Beschreibung, es ist ganz ausgefressen.» Zu den Leistungen an die Franzosen kamen die Steuern an den Staat; denn die österreichische Verwaltung arbeitete während der französischen Besetzung unbehelligt weiter. Sie amtete noch, als das Fricktal im Frieden von Lunéville 1801 von Österreich bereits abgetrennt war. Bis zur

St. Johannes.

Gründung des Kantons Fricktal 1802 zahlten die Fricktaler ihre Steuern weiter nach Freiburg an die vorderösterreichische Regierung, der sie völkerrechtlich gar nicht mehr unterstanden.

Zum Abschluss dieses Abschnittes der Fricktaler Geschichte ein paar Worte über die österreichische Verwaltung. Das Fricktal gehörte zu den vorderen Landen oder Vorlanden, das heisst zu den österreichischen Ländern westlich des Arlberges, die man gesamthaft als Vorderösterreich im weiteren Sinn bezeichnet. In diesem Vorderösterreich zwischen Arlberg und Vogesen unterschied man drei Gruppen von Ländereien, von denen die westlichste die Gebiete am Oberrhein, im Schwarzwald, Breisgau, im Oberelsass und im Sundgau umfasste. Diese Gruppe bezeichnet man als Vorderösterreich im engern Sinn. Regiert wurde dieses Vorderösterreich bis 1648 von Ensisheim im Oberelsass, von 1651 an von Freiburg i. Br. aus. Von 1759 an hiess die Regierung in Freiburg «Vorderösterreichische Regierung und Kammer».

Das Fricktal gehörte verwaltungsmässig zum Breisgau, es umfasste die Oberämter – früher Herrschaften – Rheinfelden und Laufenburg. Das Oberamt

Rheinfelden war in die Obervogteien oder Landschaften Möhlinbach, Fricktal und Rheintal eingeteilt; die Landschaft Rheintal lag rechts vom Rhein.

Von den vierzehn Gemeinden des Bezirks besass Rheinfelden eine Sonderstellung; Stein, Obermumpf und Schupfart gehörten zur Landschaft Fricktal, alle andern zur Landschaft Möhlinbach mit Ausnahme von Wegenstetten, das zur Herrschaft Schönau-Oeschgen, später Schönau-Wehr gehörte.

Vergleicht man die Verwaltung des Oberamts Rheinfelden mit der des angrenzenden bernischen Oberamts Schenkenberg, so sieht man, dass Österreich in der zweiten Hälfte des 18. Jahrhunderts bereits ein Beamtenstaat mit ausgebauter Bürokratie war. Musste sich der Oberamtmann (Landvogt) von Schenkenberg, der auf Schloss Wildenstein sass, während sich die Landschreiberei in Brugg befand, mit einem Landschreiber, einem Amtsuntervogt (Nebenamt) und einem Amtsweibel begnügen, so zählte das Oberamt Rheinfelden neben dem Oberamtmann zwei weitere Oberamtsräte, nämlich den Landschreiber und den Rentmeister. Dazu kamen ein Registrator, mindestens ein Amtskanzlist und ein Amtsbote. Herrschaftliche Beamte waren auch die Obervögte der drei Landschaften, denen als Bindeglied zwischen Oberamt und Gemeinden eine ganze Reihe wichtiger Aufgaben übertragen waren. Dazu gab es in jeder Landschaft neben dem Obervogt einen Landschaftssäckelmeister.

Die Zeit Maria Theresias (1740–1780) und ihres Sohnes, Josephs II. (1780–1790), war eine Zeit grosser Reformen. Die Steuerreform der Kaiserin brachte die «gottesgefällige Gleichheit in Steuersachen», das heisst die Belastung der Einkünfte von Adel und geistlichen Würdenträgern. «Jeder Untertan bekam sein Steuerbüchlein mit dem Katasterauszug und bemerkte bald, dass er weit weniger zu zahlen hatte als früher, obwohl sich der Reinertrag der Steuer mehr als verdoppelt hatte.» (Eberhard Gothein).

Im Zusammenhang mit der Steuerreform schufen die Geometer Leimgruber, Garny und Kunzelmann zwischen 1770 und 1780 die schönen Gemeindepläne, die in den meisten Fricktaler Gemeinden noch vorhanden sind.

«Eine segensreiche Neuerung» (K. Schib) Maria Theresias war auch die Brandversicherung, die sie 1763/64 im Breisgau einführte, in erster Linie aus volkswirtschaftlichen Erwägungen heraus. Es war nicht die erste im Deutschen Reich, aber die erste auf einem Gebiet der heutigen Schweiz. Sie wurde für unseren Kanton von Bedeutung, weil der Aargau sie bald nach dem Anschluss des Fricktals übernahm, auf den ganzen Kanton ausdehnte und damit die erste staatliche Feuerversicherung in der Schweiz erhielt.

Neben der Wirtschaft nahm sich Maria Theresia besonders der Schule an. 1773 wurde in Freiburg das erste Lehrerseminar für Vorderösterreich eröffnet. Behutsam, aber mit Festigkeit, griff die Kaiserin auch in das Leben der Kirche ein und liess Missstände abschaffen.

Der Geist von Josephs II. Kirchenpolitik mit ihren liberalen und nationalen Zügen, nach ihm Josephinismus genannt, lebte in der Geistlichkeit weiter und bildete eine der geistigen Voraussetzungen für die Entstehung des Alt- oder Christkatholizismus im unteren Fricktal.

Vergleicht man die Zustände im ausgehenden 18. Jahrhundert im Fricktal mit denen in der Eidgenossenschaft, so sieht man, dass die Fricktaler mit einem Anschluss an die Eidgenossenschaft nichts zu gewinnen gehabt hätten. Dass sie später damit eines der höchsten menschlichen Güter, den Frieden gewinnen würden, konnten sie nicht wissen.

Der Kanton Fricktal: ein Zwischenspiel

(Nach Karl Schib, Geschichte der Stadt Laufenburg, Aarau 1950)

Der Friede von Basel, den Frankreich und Preussen 1795 abschlossen, enthielt einen Geheimartikel, der das Schicksal des Fricktals vorzeichnete: Preussen erklärte sich darin mit der Abtretung der linksrheinischen Reichsgebiete an Frankreich einverstanden. Der Friedensvertrag von Campoformio zwischen Frankreich und Österreich 1797 bestimmte im Artikel 6:

«Der Kaiser wird beim Abschluss des Friedens zwischen dem Reiche und der Französischen Republik das Fricktal... an Frankreich abtreten. Frankreich wird das Fricktal nach Übereinkunft mit der Helvetischen Republik an diese übergeben.» Der Friede von Lunéville zwischen Frankreich und Österreich vom 9. Februar 1801 bestätigte für das Fricktal die Abmachungen von Campoformio. Als Napoleon von der Helvetischen Republik das Wallis forderte und ihr dafür als Entschädigung das

68

Fricktal anbot, erklärten sich ihre Vertreter am Fricktal «wenig interessiert». Napoleons Verfassungsentwurf von Malmaison, ebenfalls 1801, enthielt das Fricktal als Teil der Schweiz, aber aufgeteilt zwischen Basel (Bezirk Rheinfelden) und dem Aargau (Bezirk Laufenburg).

Das Fricktal befand sich in einem merkwürdigen Zustand. Es gehörte nach dem Friedensvertrag von Lunéville zu Frankreich, war auch von den Franzosen besetzt, aber die österreichischen Beamten sassen noch immer in Rheinfelden und verwalteten ihr Oberamt, von den Franzosen offenbar unbehelligt, als sei nichts geschehen. Diesem Zustand setzte 1802 der aus Ettenheim (zwischen Freiburg und Lahr) gebürtige Stadtarzt von Waldshut, Sebastian Fahrländer, ein Ende. Er hatte sich mit seinem Bruder Karl in Münchwilen eingebürgert und besass, dank seinem Bruder, Beziehungen zur helvetischen Regierung und offenbar auch zum französischen Gesandten Verninac. Am 6. Januar 1802 erklärte er in Laufenburg vor fricktalischen Gemeindeabgeordneten, das Fricktal müsse ein eigener Kanton der Helvetischen Republik werden. Als Hauptstadt bestimmte er Laufenburg.

Er nannte sich nun «provisorischer Statthalter des Fricktals» und löste die österreichische Verwaltung auf. Das Oberamt Rheinfelden verlegte darauf seinen Sitz in das benachbarte, heute in Rheinfelden (Baden) eingemeindete Dorf Nollingen. Dann entwarf Fahrländer eine fricktalische Verfassung und liess sie in Rheinfelden an einem Landtag beraten. Danach sollten in Laufenburg Verwaltungskammer und Forstschule, in Rheinfelden Kantonsrat, Kantonsgericht und Kantonsschule untergebracht werden.

Der Kanton war in die drei Gerichtsbezirke Laufenburg, Rheinfelden und Frick eingeteilt. Als Siegel benutzten die kantonalen Stellen das Siegel des Homburger Vogtsamtes mit dem Lindenblatt. Am 18. August 1802 anerkannte die helvetische Regierung auf Wunsch Verninacs das Fricktal als selbständigen Kanton der Helvetischen Republik. Damit hatte die Laufbahn Fahrländers im Fricktal ihren Höhepunkt erreicht. Um sein Werk zu sichern, liess er Verninac, dem helvetischen Landammann Dolder und anderen zum Teil teure Geschenke überreichen, wobei er seinen Bruder und sich selber nicht vergass, und alles selbstverständlich auf Kosten des Kantons.

Nun hatte Fahrländer im Fricktal von Anfang an heftige Feinde gehabt, besonders Fetzer aus Rheinfelden und Jehle aus Olsberg. Als in der Helvetischen Republik im Stecklikrieg konservativere Kräfte die Oberhand gewannen, nützten Fahrländers Gegner die Gelegenheit, klagten Fahrländer der Geschenke wegen an, liessen ihn in Laufenburg festnehmen, nach Rheinfelden bringen und bei Verninac seine Absetzung erwirken. Nach der Abberufung Verninacs konnte Fahrländer sein Amt nochmals kurze Zeit ausüben, dann wurde er von General Ney endgültig abgesetzt und des Landes verwiesen.

Als Napoleon aus jedem helvetischen Kanton zwei Abgesandte nach Paris berief, angeblich um eine neue Verfassung zu beraten, schickte das Fricktal Friderich von Laufenburg und Jehle von Olsberg. Sie sollten für eine möglichst weitgehende Selbstverwaltung des Fricktals eintreten. Sollte das Ländchen aber der Helvetischen Republik angeschlossen werden, was niemand hoffte, solange dort anarchische Zustände herrschten, so sollten sie dafür eintreten, «dass die herrschaftlichen Einkünfte und Besitzungen Eigentum des Fricktals und nicht des Kantons Aargau oder Basel würden». Als Friderich aus Paris nach Laufenburg schrieb, das Fricktal werde nun wahrscheinlich doch zwischen dem Aargau und Basel aufgeteilt, entstand eine eigentliche Volksbewegung. Die Vorsteher der 33 Fricktaler Gemeinden wandten sich in einem Schreiben an Napoleon und baten ihn eindringlich, das Land nicht zu teilen. Bei Napoleon war der Entscheid jedoch gefällt: Am 19. Februar 1803 legte er den helvetischen Abgeordneten die Mediationsakte vor, «die für die Schweiz eine neue Verfassung und für den Kanton Aargau den Anschluss des Fricktals enthielt».

Erster aargauischer Bezirksamtmann des Bezirks Rheinfelden, damals noch Oberamtmann genannt, wurde Johann Baptist Ignaz Fischinger. Nach Studien in Freiburg i.Br. war er mit J. K. Fetzer von Rheinfelden Kriegskommissar in der österreichischen Armee gewesen. Kurz vor dem Umbruch kam er auf das Oberamt Rheinfelden. 1803 wurde er Bürger von Mumpf. Bis zu seinem Tode 1844 gehörte er dem Grossen Rate und dem katholischen Kirchenrat an, zweimal vertrat er den Aargau an der eidgenössischen Tagsatzung. Fischinger war ein überzeugter Anhänger des Josephinismus.

Zur ersten Aargauer Regierung, dem neun Mitglieder zählenden Kleinen Rat, gehörten von 1803 an Johann Karl Fetzer von Rheinfelden und F. J. V. Friderich von Laufenburg. Von den ersten Kleinräten amtete Fetzer am längsten, nämlich bis 1837. Im ersten Grossen Rat sassen mit Ausnahme von Hellikon, Obermumpf, Stein und Wegenstetten Vertreter

aus allen Gemeinden des Bezirks Rheinfelden. Im September 1803 legten die Aargauer den Treueid auf die Verfassung und die Regierung ab, die Rheinfelder zum Beispiel am 15., die Möhliner am 18. und die Kaiseraugster als letzte am 30.

Jenseits des Rheins kam es nun zu einer grossen Änderung. Napoleon teilte die rechtsrheinischen vorderösterreichischen Gebiete dem Grossherzogtum Baden zu, das dadurch ab 1806 unser neuer Nachbar wurde. Damit war die Trennung der links- und rechtsrheinischen Teile der vorderösterreichischen Herrschaft Rheinfelden endgültig geworden.

«Die Verwandlung des Rheins in eine Grenze muss für die Zeitgenossen ein tiefes Erlebnis gewesen sein», schreibt Karl Schib in seiner Geschichte der Stadt Rheinfelden. Die neue Grenze brachte jedoch Schwierigkeiten. Baden baute die rechtsufrige Rheintalstrasse von Warmbach bis Laufenburg, der Aargau tat dasselbe mit der Strecke Kaiseraugst–Rheinfelden–Stein. Damit verlor die Rheinfelder Brücke den grössten Teil ihrer Bedeutung, und die Stadt kam um einen erheblichen Teil ihrer Zolleinnahmen. Sie ersuchte deshalb 1812 die Regierung, ihr zu erlauben, den Verkehr, der auf der neuen

Strasse südlich an der Stadt vorbeizog, durch die Stadt zu leiten.

Die Regierung bewilligte das Gesuch, die Rheinfelder legten von der Kloos in die Fröschweid eine neue Strasse an, brachen in der Fröschweid ein Tor in die Ringmauer, das sogenannte Neutor, errichteten dabei ein Zollhaus, verrammelten die Landstrasse in der Kloos und beim Obertor und zwangen so den Verkehr Basel–Zürich und umgekehrt, seinen Weg durch die Stadt zu nehmen. 1834 hob der Kanton den Zoll am Neutor auf, womit der Spuk ein Ende nahm.

Der Beitritt Badens zum 1833 gegründeten deutschen Zollverein verursachte in der ganzen schweizerischen Grenzlandschaft eine Wirtschaftskrise. Die Tuchhandlung Perolaz in Rheinfelden verlor einen Drittel ihres Umsatzes, alt Regierungsrat Friderich von Laufenburg wandte sich an die österreichische Gesandtschaft mit der Bitte, der Kaiser möge sich bei der badischen Regierung dafür verwenden, dass der Fricktaler Wein wieder in den Schwarzwald ausgeführt werden könne.

Eine langwierige Angelegenheit war das fricktalische Abrechnungsgeschäft mit dem Grossherzogtum Baden. Es galt, die wechselseitige Herausgabe von Gemeinde-, Kirchen- und Stiftungsvermögen zu regeln und sich über die Teilnahme an der Breisgauischen Schuldentilgung und über den Anteil des Fricktals an den Aktivforderungen des Breisgaus einig zu werden. 1819 konnten die Verhandlungen abgeschlossen werden. Der Aargau zahlte dem Grossherzogtum Fr. 400 000.–, dafür verzichtete dieses u.a. auf die im Aargau befindlichen Besitzungen des Stiftes Säckingen und der Deutschordenskommende Beuggen und auf die Rheinfelder Zollrückstände von 1803 bis 1807.

Den Fr. 400 000.–, die der Aargau für das Fricktal auslegte, stand das Vermö-gen gegenüber, welches das Fricktal in den Kanton einbrachte. Es betrug an Gebäuden, Kapitalien und Feudalgefällen etwas über 1,5 Millionen. Dazu kamen im Bezirk Rheinfelden der Besitz des Stiftes Olsberg im Werte von Fr. 300 000.– und der linksrheinische Besitz der Johanniterkommende Rheinfelden im Werte von Fr. 40 000.–. Heinrich Staehelin schreibt im zweiten Band der «Geschichte des Kantons Aargau», an das aargauische Staatsvermögen habe das Fricktal je Kopf der Bevölkerung am meisten beigetragen.

1803 musste die Eidgenossenschaft sich Frankreich gegenüber vertraglich verpflichten, der französischen Armee 16 000 Mann zu stellen. Die Gemeinden hatten die grösste Mühe, ihre Rekruten – ab 1807 je einen auf hundert Einwohner – zusammenzubringen. Im Januar 1810 war im Fricktal für 500–600 Franken kaum jemand mehr für die französische Armee zu gewinnen. In einzelnen Gemeinden kam es sogar zum Aufruhr gegen die französischen Forderungen, so in Hellikon im November 1811, als Napoleon den Russlandfeldzug vorbereitete.

Bis um die Jahrhundertwende beschäftigte die Bauern die Ablösung der Feudallasten, also der Zehnten und Bodenzinsen. Hauptbezüger des Zehnten war der Kanton als Rechtsnachfolger des österreichischen Staates, der Kommende Beuggen und des Stifts Säckingen. Ein Gesetz über den Loskauf der Zehnten und Bodenzinsen wurde 1803 in Angriff genommen. Zu dessen Begutachtung ernannte die Regierung eine Kommission, der aus dem Bezirk Rheinfelden ein Waldmeier aus Möhlin und ein Hohler aus Schupfart angehörten.

Die Fricktaler Bauern waren aber mit dem Gesetz, das 1804 in Kraft trat, nicht zufrieden. Sie erinnerten sich, dass Fahrländer seinerzeit die unentgeltliche Ablösung versprochen hatte. Die fricktalischen Grossräte fanden, die Gefälle, die aus dem Fricktal an den Kanton flossen, seien Eigentum «ihres Ländchens» und hätten dem Fricktal zugute zu kommen. Sie richteten eine von Tröndlin in Laufenburg verfasste entsprechende Eingabe an die Regierung, die deren Unwillen erregte und sie bewog, die «Unruhestifter» zu verhören und der Verbreitung ähnlicher Schriften nachspüren zu lassen.

Offenbar um sich aus der Affäre zu ziehen und sich an seinem alten Gegner Fahrländer zu rächen, setzte Tröndlin das Gerücht in Umlauf, Fahrländer sei der Urheber der Umtriebe im Fricktal, worauf die Regierung Fahrländer für fünf Jahre des Landes verwies.

Das Gesetz über den Loskauf wurde mehrmals verbessert. Den Zehntenloskauf beschlossen die Möhliner 1829, die Kaiseraugster 1838, beendet war er in Kaiseraugst 1849, in Möhlin erst 1855, im gleichen Jahr wie in Mumpf. Den Weinzehnten kauften die Mumpfer allerdings erst 1865 los, und zwar für 6500 Franken.

Als das Fricktal 1803 zum Aargau kam, war es das einzige Gebiet in der Eidgenossenschaft, das eine Feuerversicherung besass, die 1764 unter Maria Theresia gegründete Feuerassekuranz. Sie konnte nicht gut rückgängig gemacht werden, und so schlug die Regierung auf eine dringende Vorstellung der fricktalischen Gemeinden hin dem Grossen Rat «den Fortbestand der Brandversicherungsanstalt im Fricktal» vor. 1804 nahm der Grosse Rat den Vorschlag an. Dabei konnte es selbstverständlich nicht bleiben.

Schon im folgenden Jahr unterbreitete die Regierung dem Grossen Rat einen von Fetzer ausgearbeiteten Gesetzesentwurf, der eine Brandversicherungsanstalt für den ganzen Kanton vorsah. Der Entwurf war so gut abgefasst, dass die Regierung annahm, der Grosse Rat werde ihm mit Sicherheit zustimmen. Sie liess das Gesetz schon 1805 drucken, vom Grossen Rat beschlossen wurde es erst 1806. So kam der Aargau dank der Feuerassekuranz Maria Theresias zur ersten staatlichen Feuerversicherung der Schweiz.

Für die aargauische Strafgesetzgebung wurde das Strafgesetz Josephs II. von 1787 massgebend, nach dem im Fricktal gerichtet wurde, während im übrigen Gebiet des Aargaus der helvetische Strafkodex von 1799 galt. Den Entwurf für ein aargauisches Kriminalstrafgesetz verfasste Oberrichter Johann Baptist Jehle von Olsberg. Er lehnte sich eng, teilweise wörtlich an die österreichische Strafgesetzgebung an, verschärfte sie aber in einzelnen Teilen. So sah er die Todesstrafe in doppelt so vielen Fällen vor wie das österreichische Gesetz.

Das Gesetz trat 1805 in Kraft und blieb es bis 1857. Von 1803 bis 1836 besoldete der Staat drei Scharfrichterstellen, davon eine in Rheinfelden. Er lieferte den Scharfrichtern auch den zweigeteilten Mantel als «Zeichen ihrer Meisterschaft». Auch die Forstordnung vom 17. Mai 1805 und die Feuerordnung vom 13. Mai 1806 verraten ihre österreichischen Vorbilder deutlich genug. In die junge aargauische Gesetzgebung ist über das Fricktal viel Österreichisches eingeflossen.

Von 1803 bis 1848 war das Militärwesen fast ganz Sache der Kantone; das eidgenössische Heer setzte sich aus kantonalen Kontingenten zusammen. Zwischen 1830 und 1848 stellte der Militärbezirk Rheinfelden, zu dem auch Sisseln, Oeschgen, Eiken und Münchwilen gehörten, fünf Bataillonskommandanten, einen Chef der Kavallerie – Fidel Suidter aus Stein – und mehrere Mitglieder der Militärkommission, zum Beispiel Hermann Müller aus Rheinfelden, der 1836–1847 auch kantonaler Zeughausverwalter, 1838–1847 Oberinstruktor der Artillerie und der Genietruppen war. Mit Franz Elgger und Michael Dietschy gehörte er dem eidgenössischen Generalstab an. Im Sonderbundskrieg wurde Elgger Generalstabschef der Sonderbundstruppen. Er und Müller hatten auch in fremden Diensten gestanden, Elgger in grossherzoglich-badischen, französischen und nach dem Sonderbundskrieg in päpstlichen, wo er es zum General brachte. Damals bestand in Mittelitalien ja noch der Kirchenstaat, der, wie jeder andere Staat, über ein stattliches Heer verfügte.

Im dritten Koalitionskrieg 1805 besetzten Teile des aargauischen Infanteriebataillons 5 die Brücken von Rheinfelden, Stein und Laufenburg. Der Sturm ging an unserem Land vorüber. Nicht so 1809, als Napoleon gegen Österreich marschierte. Auf dem Rückweg nach Frankreich zogen vom 26. November bis 4. Dezember 4115 Franzosen mit 1314 Pferden durchs Fricktal, ohne auch nur einen Rappen für Unterkunft und Verpflegung zu bezahlen. Die Regierung bewilligte schliesslich den geschädigten Gemeinden einen Beitrag von Fr. 5936.–.

Schlimmer erging es dem Fricktal, als die Verbündeten 1813/14 auf dem Marsch nach Frankreich durch die Schweiz zogen. Zwar besetzten eidgenös-

sische Truppen die Grenze, am äusseren Rheintor in Rheinfelden hängten sie sogar eine Neutralitätstafel auf, die sich jetzt im Fricktaler Museum in Rheinfelden befindet. Aber unmittelbar vor dem Einmarsch der Österreicher am 21. Dezember 1813 räumten die eidgenössischen Milizen Rheinfelden und zogen sich über Magden und Wintersingen zurück. Die Österreicher zogen – trotz der Tafel! – über die Brücke, betraten das Städtchen beim heutigen Zoll und verliessen es weiter unten durchs Neutor in der Fröschweid.

Schlimmer als dieser Durchmarsch war die anschliessende Einquartierung österreichischer und russischer Soldaten. Von Ende Dezember 1813 bis in den Juni 1814 mussten 65 346 Militärpersonen und 11 400 Reitpferde untergebracht und teilweise auch verpflegt werden, die einen für kürzere, die andern für längere Zeit. Vom Durchzug betroffen waren neben dem Fricktal auch andere Gebiete des Kantons. Von den Kosten von rund 1,8 Millionen entfiel mehr als die Hälfte auf das Fricktal. Österreich leistete an seinen Kostenanteil von Fr. 627 381.– wenigstens Fr. 339 209.–, seine Verbündeten keinen Rappen. So blieb dem Kanton eine Schuld von rund anderthalb Millionen.

Eine noch weit bösere Sache als diese Kosten waren die Seuchen, welche die fremden Armeen einschleppten. An verschiedenen Orten wurden Lazarette eingerichtet, ein grosses im Schloss Beuggen, ein kleineres in Rheinfelden. In Beuggen herrschten grauenhafte Zustände, die Soldaten starben zu Hunderten. Sie wurden oberhalb des Schlosses in einem Massengrab verscharrt, über dem sich seit 1913 in einer Tannengruppe ein stattliches Denkmal erhebt.

Auch die Bevölkerung wurde von Seuchen ergriffen. Im Bezirk Rheinfelden erkrankte der achte Teil der Bewohner.

Am 10. März 1814 starben allein 268 Personen, in einzelnen Dörfern wurden ganze Familien dahingerafft. Dazu brach unter dem Vieh die Rinderpest aus, und vom 15. auf den 16. Juni verheerte ein Wolkenbruch das Fricktal, so dass zur Krankheit der Hunger kam. Die hilfsbereite aargauische Bevölkerung unterstützte 400 Fricktaler Familien mit Lebensmitteln, Kleidern und Geld. Die Kulturgesellschaft sorgte dafür, dass 50 Waisenkinder aus dem Fricktal bei rechtschaffenen Leuten untergebracht wurden, 50 weitere Waisen wurden von Mitgliedern der Gesellschaft unentgeltlich aufgenommen.

Auf dem Rückweg aus Frankreich reiste der österreichische Kaiser Franz I. im Mai 1814 durch die Nordschweiz nach Wien zurück. In Rheinfelden empfing man ihn feierlich im Rathaussaal. Auf die Ansprache Fischingers antwortete der Monarch: «Die Fricktaler sind meine alten Untertanen; es freut mich, dass es ihnen wohl geht; sie sind jetzt mit dem Kanton Aargau vereinigt.»

Nach dem Sturz Napoleons gewannen in Europa die konservativen Mächte wieder die Oberhand, liberale Regungen wurden gewaltsam unterdrückt. Die Eidgenossenschaft machte dabei keine Ausnahme, wenn auch in einzelnen Kantonen, vor allem im Aargau, der liberale Gedanke lebendig und wirksam blieb. Besonders konservativ und restaurativ zeigte sich Bern. Es machte sich daran, seine alten Untertanengebiete, die Waadt und den Berner Aargau, zurückzugewinnen. Berns Vorhaben blieb keine eidgenössische Angelegenheit, es beschäftigte die europäische Diplomatie. Man schien zu wissen, dass Österreich das Fricktal zurückfordern wolle. Aus diplomatischen Kreisen wurde nun vorgeschlagen, Bern solle den Österreichern das Fricktal für 600 000 Gulden abkaufen und es gegen den Berner Aargau abtauschen. Das Fricktal sollte dann mit den Bezirken Zurzach, Baden, Bremgarten und Muri einen neuen Kanton Aargau bilden. Als Gegenleistung müsse Bern auf die Waadt verzichten.

Unter der Führung der liberalen Aarauerpartei setzte sich der Aargau gegen das Vorhaben Berns diplomatisch und mit militärischen Vorkehrungen zur Wehr. Gegen bernfreundliche Umtriebe ging man polizeilich vor; im Fricktal soll dies einmal nötig gewesen sein. Zur Unterstützung der regulären Truppen wurden Freiwilligenkorps gebildet, davon eins in Rheinfelden. Das Schicksal des Aargaus und des Fricktals wurde aber wieder einmal ausserhalb der Schweiz entschieden, nämlich am Wiener Kongress. Der Kanton blieb in seinen Grenzen von 1803 bestehen, das Fricktal damit aargauisch.

Unter deinen Schutz und Schirm
Fliehen wir o Heilige
Gottes Gebährerin.
AN·····NO
17·····18

Zwei Kirchen im Dorf

Wenn in einer Aargauer Gemeinde zwei Kirchen stehen, so ist die eine römisch-katholisch, die andere evangelisch-reformiert. Nicht so in der Mehrheit der Gemeinden des Bezirks Rheinfelden: Da ist die eine, meist die ältere, christkatholisch, die andere römisch-katholisch.

Auf den Zusammenhang zwischen der Bildung der alt- oder christkatholischen Kirche und dem Josephinismus, der Kirchenpolitik Josephs II., ist schon hingewiesen worden. Der Kaiser suchte die

römisch-katholische Kirche «in eine vom Papst unabhängige, dem Staat unterstellte Nationalkirche umzuwandeln», schreibt Staehelin. Die Zustände im Bistum Basel erleichterten Josephs Vorgehen in kirchlichen Angelegenheiten. Der Bischof von Basel sass in Pruntrut und regierte von dort aus sein Fürstentum, «die Ausübung der geistlichen Funktionen blieb meist einem Generalvikar überlassen. Diese Ordnung der Dinge erleichterte das Eingreifen des Staates, das zudem unzweifelhaft

oft in kirchlich-religiösem Interesse erfolgte. Der Glaube an die Notwendigkeit der staatlichen Kirchenhoheit aber ging wie ein Vermächtnis an die kommende Generation über». (Schib, Rheinfelden.)

Einer aus dieser Generation war der erste Rheinfelder Bezirksamtmann, J. B. Fischinger, ein überzeugter Vertreter des Staatskirchentums. 1824 erinnerte er die Regierung in Aarau an ein österreichisches Hofdekret von 1791, das immer noch gültig sei und das den Bischöfen vorschreibe, alle ihre Hirtenbriefe und Kreisschreiben seien der staatlichen Behörde zur Genehmigung vorzulegen.

«Dieses sogenannte Placetrecht des Staates wurde 1834 zu einem Bestandteil der «Badener Artikel», die freisinnige Politiker verschiedener Kantone als kirchenpolitisches Programm aufstellten». (Schib, Rheinfelden.) Nach diesen Badener Artikeln sollten die Geistlichen einen Treueid auf die Verfassung ablegen. Von den 130 römisch-katholischen aargauischen Geistlichen verweigerten 112 den Eid, «nur 18, die Hälfte davon aus dem Bezirk Rheinfelden, leisteten ihn». (Schib, Rheinfelden.) Der Zeininger Pfarrer befürchtete darauf, der Aargau könnte, wie es die Radikalen (Freisinnigen) forderten,

aus dem Bistum Basel austreten und ein eigenes Bistum bilden, andere Kantone könnten sich ihm anschliessen; «so bilde sich eine schweizerisch-katholische Kirche, der sich vielleicht das katholische Deutschland und sogar Europa zuwende, um sich von Rom zu trennen». (Schib, Rheinfelden.)

Das Jahr darauf sprach der Rheinfelder Chorherr Joseph Vögelin von der Möglichkeit, eine «evangelisch-katholische Kirche» zu gründen, und als der Rheinfelder Karl Schröter sich 1845 zum Theologiestudium entschloss, soll er gesagt haben, er wolle ein Priester sein, kein Römling, sondern ein deutscher, ein schweizerischer freisinniger Katholik. So war im untern Fricktal der Boden für eine neue Kirche geistig vorbereitet.

Den Anstoss zur Gründung dieser Kirche gaben die Beschlüsse des I. Vatikanischen Konzils 1870 über den Primat und die Unfehlbarkeit des Papstes. Es kam 1871 zu den ersten Protestversammlungen und zur Gründung eines freisinnigen Vereins schweizerischer Katholiken, dem auch viele Rheinfelder beitraten. 1872 sprach in der Martinskirche Rheinfelden Professor Reinkens aus Breslau über «Papst Pius IX. und seine Unfehlbarkeits-

lehre». Darauf verwarfen die Kirchgemeinden Olsberg, Obermumpf, Hellikon (Einwohnergemeinde), Möhlin, Mumpf-Wallbach und Magden die Unfehlbarkeitslehre, ebenso im folgenden Jahr Wegenstetten und Rheinfelden. In Rheinfelden sollen darauf an der katholischen Kirchgemeindeversammlung alle Mitglieder bis auf eine Familie zum Alt- oder Christkatholizismus übergetreten sein. 1874 gab sich die christkatholische Kirche der Schweiz ihre Verfassung, 1876 wurde in Rheinfelden Pfarrer Eduard Herzog von Bern zum ersten christkatholischen Bischof der Schweiz geweiht.

In den Gemeinden, in der die Mehrheit der Katholiken zum Christkatholizismus übergetreten war, erhielt die neue Gemeinde das bestehende Gotteshaus, wenn es nicht, wie anfänglich noch, von beiden Konfessionen benutzt wurde wie in Zuzgen, Wegenstetten, Obermumpf und Wallbach.

Die Römischkatholiken mussten eine neue Kirche bauen, so in Rheinfelden, Kaiseraugst, Möhlin, Zuzgen, Wegenstetten und in neuerer Zeit in Magden, Wallbach und Obermumpf.

Die Gründung der neuen Kirchgemeinden führte manchenorts zu einer

starken Entfremdung zwischen den Anhängern der beiden katholischen Konfessionen. In Zuzgen spaltete sich deswegen sogar die bekannte Musikgesellschaft. Die Simultanbenützung der Kirchen, die Rom 1878 verbot, führte zu weiteren Misshelligkeiten und Auseinandersetzungen. Als einzige ging die Michaelskirche in Wegenstetten an die römisch-katholische Kirchgemeinde zurück; die Christkatholiken von Hellikon, Wegenstetten und Zuzgen erbauten eine neue Kirche zwischen Hellikon und Wegenstetten. Es ist die einzige neue christkatholische Kirche im Fricktal.

Um die Jahrhundertwende entstanden im Bezirk Rheinfelden folgende christkatholische Kirchgemeinden: Olsberg 1872, Rheinfelden 1873, Magden 1875, Wegenstetten, Hellikon-Zuzgen 1889, Obermumpf-Wallbach 1889 und Kaiseraugst 1903.

Prozentual am meisten Christkatholiken zählten 1980 Hellikon (29,7%) und Möhlin (22,2%), am wenigsten Zuzgen (7,3%) und Rheinfelden (5,1%). Weitaus die grösste christkatholische Kirchgemeinde im Bezirk ist mit rund 1500 Kirchgenossen Möhlin, gefolgt von Rheinfelden und Magden mit je rund 550 Kirchgenossen.

Eine kleine Kunstgeschichte des Bezirks Rheinfelden beginnt in römischer Zeit gleich mit einem Höhepunkt: mit dem berühmten, 1962 gefundenen spätrömischen Silberschatz von Kaiseraugst.

In die romanische Epoche gehören der spätromanische Kirchturm von Kaiseraugst, das Hauptportal der Martinskirche in Rheinfelden, Fenstersäulen und Kapitelle im Fricktaler Museum.

Reicher ist die Gotik vertreten. An kirchlichen Bauten sind es vor allem die Martinskirche und die Johanniterkapelle in Rheinfelden, das Chor der Kapelle im Iglingerhof zwischen Magden und Wintersingen und der Kreuzgang von 1572 im Kloster Olsberg. Johanniterkapelle und Chor der Iglinger Kapelle sind meines Wissens die einzigen kirchlichen Bauten im Fricktal, die nicht barockisiert worden sind und damit ihren spätgotischen Charakter aussen und innen unverändert erhalten haben. An profanen Bauten ist in erster Linie der Flügel des Rheinfelder

Rathauses mit dem Saal und der Freitreppe zu nennen. Die Staffelfenster des Saales mit den Fenstersäulen stammen aus dem Jahre 1531, das Geländer der Freitreppe von 1612/13, ein Beispiel für die Stilverspätung, wie sie in unserer Gegend nicht selten ist (Kreuzgang von Olsberg). – Die Plastik ist durch zwei Meisterwerke vertreten: die Muttergottes aus rotem Buntsandstein im Fricktaler Museum um 1320/30 und die hl. Anna selbdritt in der römisch-katholischen Kirche in Rheinfelden um 1500. Qualitätsvolle Figuren finden sich auch in kleinen Kapellen; erwähnt seien ebenfalls die hl. drei Könige

auf dem Vorzeichen der Martinskirche (Kopien) und der hl. Johannes der Täufer an der Johanniterkapelle.

Das Chor der christkatholischen Kirche in Kaiseraugst birgt einen eindrücklichen spätgotischen Freskenzyklus aus dem Umkreis von Konrad Witz; er stammt aus der Zeit um 1460.

Gleich alt ist ungefähr der Altarflügel mit einer Verklärung Christi, der im Rathaus zu Rheinfelden hängt; er gehörte zum Altar in der Johanniterkapelle. In der Kapelle kam bei der Restauration ein Jüngstes Gericht aus der Schongauerschule um 1490 zum Vorschein.

Die Kabinettscheiben mit ihren leuchtenden Farben im Rathaussaal Rheinfelden gehören in die Renaissance (1532/33), ebenso die beiden späten Portale (1612/13), die Zugang zu Saal und Sitzungszimmer geben, der Albrechtsbrunnen mit der wuchtigen Bannerträgerfigur und der Hochaltar der Brüder Fischer aus Laufenburg in der Martinskirche (1607).

Reich vertreten sind natürlich Barock und Rokoko. Unberührt von der neuen Stilrichtung sind nur die Johanniterkapelle Rheinfelden und die Kapelle im Iglingerhof geblieben. Mit Ausnahme dieser beiden und der Stiftskirchen Olsberg und Rheinfelden wurden alle andern Kirchen im Bezirk im 17. und 18. Jahrhundert neu erbaut. Die Pläne für die Kirchen von Wegenstetten und Zuzgen stammen von keinem geringeren als G. G. Bagnato. In Rheinfelden leitete der Vorarlberger Stukkateur Martin Fröwis die Umgestaltung, von ihm sind auch die Stuckarbeiten. Jetzt erfährt man auch zum erstenmal Namen einheimischer Künstler. Da sind die beiden Rheinfelder Maler Franz Fidel Bröchin, von dem die Wand- und Deckengemälde in der Martinskirche und die Deckengemälde in der Kirche Mettau stammen, und Anton Döbelin, der Altargemäl-

de in der Kirche Kaiseraugst ausführte und wahrscheinlich die «virtuosen Wand- und Deckenmalereien» in der Zeininger Kirche schuf. Bekannt sind die Namen und einzelne Werke der Rheinfelder Bildhauer Hans Heinrich und Hans Victor Scharpff sowie Franz Joseph Knauss, geb. 1663. Sie alle überragte Hans Freitag (1680–1734), von dem Werke in den Kirchen von Rheinfelden, Möhlin und Olsberg sowie im Fricktaler Museum stehen. Dr. Peter Felder nennt ihn den führenden Bildhauer des Spätbarocks.

In die ersten drei Viertel des 19. Jahrhunderts gehören eine stattliche Anzahl von klassizistischen Bauten wie das Haus von Johann Urban Kym in Möhlin, das Bahnhofgebäude und das sogenannte Casino in Rheinfelden. Aus dieser Zeit stammen auch die Altäre in der Kirche Schupfart.

Dann geht der Klassizismus in den Historismus über. Beispiele sind die neugotische Kirche in Zuzgen, die wilhelminischen Gebäude in Rheinfelden wie das Restaurant «Feldschlösschen am Rhein» und die Taverne «zum Zähringer», vorher zur «Rheinlust» geheissen, und dann die im Burgenstil erbauten markanten Bauten der Brauerei Feldschlösschen.

Abbildungen